Gatopardismo mexicano

Gatopardismo mexicano

La infame historia de nuestra corrupción

JUAN ANTONIO CEPEDA

El papel utilizado para la impresión de este libro ha sido fabricado a partir de madera
procedente de bosques y plantaciones gestionadas con los más altos estándares ambientales,
garantizando una explotación de los recursos sostenible con el medio ambiente y beneficiosa para las personas.

Gatopardismo mexicano
La infame historia de nuestra corrupción

Primera edición: marzo, 2022

D. R. © 2021, Juan Antonio Cepeda

D. R. © 2022, derechos de edición mundiales en lengua castellana:
Penguin Random House Grupo Editorial, S. A. de C. V.
Blvd. Miguel de Cervantes Saavedra núm. 301, 1er piso,
colonia Granada, alcaldía Miguel Hidalgo, C. P. 11520,
Ciudad de México

penguinlibros.com

D. R. © 2021, Jesús Silva-Herzog Márquez, por el prólogo

ISBN: 978-607-380-367-0

Impreso en México – *Printed in Mexico*

Para Diana, mi amor
Para nuestras hijas, Amelia e Inés

Para mis padres, Susana y Óscar,
y mis hermanos, Patricia y Juan Óscar

El poder corrompe, el poder absoluto corrompe
absolutamente.
LORD ACTON

Se vogliamo che tutto rimanga come è, bisogna che tutto
cambi. Mi sono spiegato? (Si queremos que todo siga
igual, es necesario que todo cambie. ¿Me explico?)
GIUSSEPE TOMASI DI LAMPEDUSA

…nominally beneficial policies permit corrupt
decision-makers to hide in plain sight.
KALLE MOENE Y TINA SØREIDE

Del dicho al hecho hay mucho trecho.
PROVERBIO POPULAR

Es que como el beis tiene cuatro bases es como analogía
de la cuarta transformación (para llegar al mismo lugar
del que arrancaste…)
GUILLERMO SHERIDAN (TUIT, 25/08/2018 20:15)

Índice

Primera parte

La infame historia de nuestra corrupción: orígenes, contexto y evolución

Segunda parte

El gatopardismo mexicano

Siglas y acrónimos

ASF   Auditoría Superior de la Federación
GCB   Global Corruption Barometer
CFE   Comisión Fenderal de Electricidad
Coneval Consejo Nacional de Evaluación de la Política Social
CPC   Consejo de Participación Ciudadana del Sistema Nacional
         Anticorrupción
CPI   Índice de Percepción de la Corrupción
FGR   Fiscalía General de la República
IMSS   Instituto Mexicano del Seguro Social
INE   Instituto Nacional Electoral
MCCI   Mexicanos Contra la Corrupción y la Impunidad
Morena   Movimiento de Regeneración Nacional
OCDE   Organización para la Cooperación y el Desarrollo
         Económicos
PAN   Partido Acción Nacional
PGR   Procuraduría General de la República
Pemex   Petróleos Mexicanos
PND   Plan Nacional de Desarrollo
PRI   Partido Revolucionario Institucional
PT   Partido del Trabajo
PVEM   Partido Verde Ecologista de México
SFP   Secretaría de la Función Pública

SHCP	Secretaría de Hacienda y Crédito Público
SNA	Sistema Nacional Anticorrupción
TI	Transparencia Internacional
TEPJF	Tribunal Electoral del Poder Judicial de la Federación
TFJA	Tribunal Federal de Justicia Administrativa
UNCAC	Convención de las Naciones Unidas contra la Corrupción
UNODC	Oficina de Naciones Unidas contra la Droga y el Crimen
WJP	World Justice Project

Momentos estelares del gatopardismo mexicano en torno a la corrupción

Segunda mitad del siglo XVIII	Reformas borbónicas
1816-1855	Iturbide, Santa Anna, la Independencia y primeros años
1952-1958	Sexenio de Adolfo Ruiz Cortines y la moralización de la política
1982-1988	Sexenio de Miguel de la Madrid y la "Renovación moral"
2000-2006	Sexenio de Vicente Fox y la transición democrática
2012-2018	Sexenio de Enrique Peña Nieto y el Sistema Nacional Anticorrupción
2018-¿2024?	Sexenio de Andrés Manuel López Obrador y la "Cuarta Transformación" (¿Incógnita?)

Advertencia al lector

El libro que tiene en las manos hace referencia a un sinnúmero de presuntos actos de corrupción a lo largo de la historia de México, desde la Colonia hasta nuestros días: los últimos meses del sexenio de Enrique Peña Nieto y el inicio del periodo del presidente Andrés Manuel López Obrador. El énfasis en la cualidad de presunción de cada uno de estos relatos de corrupción es deliberado. En México, por desgracia, no existe un Estado de derecho saludable que permita juzgar legalmente de manera adecuada: resulta imposible saber cuándo se trata de un acto ilegal, cuándo de un ardid por motivos políticos y cuándo de una denuncia sin fundamento real. Aun cuando existan contundentes pruebas, incluso libros enteros dedicados a investigaciones exhaustivas, aunque el escándalo sea evidente, nunca pasa nada, nunca se ha juzgado un acto de corrupción como tal. En no pocas ocasiones acontece al revés: se incinera en leña verde a gente inocente por calumniosos ataques a su integridad, se siembran falsas pruebas o se crean conflictos de interés con el afán de descarrilar la carrera de alguien por el poder político.

En este libro no aparecerá la palabra *presunto*. No aparecerá porque estaría asumiendo que en nuestro país se garantiza la cabal rendición de cuentas de quienes detentan el poder público. Esto no sucede así. La impunidad es la impronta del Estado mexicano.

Prólogo
El sapo de la corrupción

Jesús Silva-Herzog Márquez

Ya decía Gabriel Zaid, en clave swiftiana, que a México le estaba reservada una gloria intelectual. Fundar la ciencia de la corrupción. No existe en el planeta un pueblo como el nuestro para desentrañar sus misterios. Proponía un nombre: dexiología, palabra derivada de la voz griega *dexis,* mordida. El más profundo de nuestros críticos advertía que aquí "tenemos la materia prima fundamental, que son los hechos investigables; tenemos talento para la práctica; tenemos interés en la teorización, como lo demuestra la abundante dexiología popular. Hay que dar el paso siguiente". Había que fundar esa ciencia integrando múltiples saberes. Reconstruir la historia de la corrupción, hacer su antropología, contabilizar su impacto económico. Identificar las reglas que están hechas para ser rotas. Hacer el psicoanálisis de la esquizofrenia de quien se enriquece en su puesto predicando exactamente lo contrario. Todo eso que se entiende sin necesidad de libros habrá que convertirlo en saber científico.

El trabajo de Juan Antonio Cepeda es una contribución valiosísima a ese saber. Como lo pedía Zaid en aquel ensayo clásico, el adiposo cuerpo del soborno no puede ser examinado con una pinza. El dexiólogo necesita utilizar una multitud de instrumentos: ser historiador y economista; tener un ojo en la experiencia local y conocer de la experiencia de otros lados; entender de leyes y ser sensible a los significados culturales. Comprender la anécdota sin ahogarse en ella.

Desde el título, este libro subraya la perseverancia de la corrupción. Pueden ir y venir gobiernos, el poder puede cambiar de manos, puede ofrecerse la revolución y el reino de la corrupción permanece intocado. Puede abrirse o cerrarse la economía, puede asentarse o corroerse el pluralismo y la corrupción persiste. ¿Cómo es que se mantiene a pesar de todos los cambios de la política y de la economía? El régimen de la extorsión es como aquel sapo del cuento de Juan José Arreola que se menciona de paso en el libro. Cuando llega el invierno, el sapo se sumerge en el lodo como si fuera una crisálida. En primavera, con las primeras lluvias, despierta, pero no para convertirse en mariposa, sino para ser más él mismo. Ninguna transformación se ha operado en su cuerpo. Y así, después de haber vencido los fríos, el sapo despierta pesado por la humedad, inflado de savia rencorosa, más sapo que nunca. No lo alteran el paso de las estaciones ni el cambio del clima. El sapo persevera en su condición. De esa resistencia nos habla Juan Antonio Cepeda en este libro indispensable. En la corrupción está la gran continuidad histórica de México. Puede cambiar todo, pero la corrupción, ingeniosa, maleable, astuta y cínica, resiste. Más que un problema, un régimen.

Si para el clásico, el principio de la república es el respeto a la ley, el de nuestro régimen es la simulación, el encubrimiento. La historia de nuestra corrupción es una maraña hecha de rutinas ocultas y escándalos indignantes. Es también una sucesión de intervenciones ineficaces. Al agravio, la gesticulación. Que la captura del pez gordo será ejemplar; que el látigo de los votos será un potente disuasivo; que una complejísima arquitectura de reglas e instituciones arrinconará a la corrupción; que el aura de un puro que pontifica limpiará la casa de arriba abajo.

El libro que el lector tiene en sus manos extiende analíticamente esa red que nos asfixia. Se entretejen con claridad, concepto, historia, mecánica. Se hace un buen catálogo de fracasos y se aportan lecciones pertinentes. No hay aquí bala de plata que mate al vampiro, pero tampoco una convocatoria a la derrota. La corrupción habrá sido historia, pero no tiene por qué ser destino.

Introducción

...convéngase que la emoción histórica es parte de la vida actual, y, sin su fulgor, nuestros valles y nuestras montañas serían como un teatro sin luz.
ALFONSO REYES

Sueño con un país donde el combate a la corrupción sea una política pública real, sin simulaciones. Quiero aspirar a que en el corto plazo contemos con un verdadero Estado de derecho en el que la rendición de cuentas sea una práctica cotidiana y una razón de ser de la vida pública, pero reconozco también que los orígenes de la corrupción en México son históricos, culturales, racionales, económicos, jurídicos e, incluso, circunstanciales y azarosos en algún punto. Aun así, no deberíamos estar condenados a padecerla.

El *gatopardismo* es el obstáculo más urgente de derribar. Mientras el ejercicio del poder utilice la noción de cambio como una mera simulación, mientras todo cambie para que no cambie nada, el poder seguirá usufructuando a sus anchas de los recursos públicos para beneficio privado. Desde la Colonia y las tropelías de Hernán Cortés hasta nuestros muy aciagos días de casas blancas, estafas maestras, señores de las ligas y presidentes impresentables, pasando por numerosos revolucionarios y un tanto más de contrarrevolucionarios truhanes y rufianes, nuestra cultura mestiza ha preferido el gatopardismo a una transformación genuina.

Cuando hablamos de corrupción, en el momento en que nos detenemos a pensar y repensar los mecanismos y las tecnologías para combatirla, es muy probable que después de llevar a cabo un diagnóstico más o menos formal, más o menos acucioso, más o menos académico o intuitivo, determinemos cuando menos tres estrategias generales para combatirla: la construcción de instituciones y leyes, la prédica con el ejemplo y el diseño e implementación de un sistema de valores éticos y morales. En cualquiera de los tres casos, o con una combinación de ellos, todos en mayor o menor medida estaríamos de acuerdo en que serían los más factibles. Quizá en los detalles y en las especificidades podríamos debatir, podríamos convenir que una u otra regla, uno u otro ejemplo es mejor. Pero, a grandes rasgos, coincidiríamos en estos tres pilares enmarcados en un contexto de democracia. La guerra contra la corrupción puede ser tan sofisticada como nuestra creatividad y conocimiento nos lo permitan. Sin embargo, ningún sistema anticorrupción resiste la simulación. Peor aún, es incapaz sustancialmente de resistir el gatopardismo. Quisiera pensar que no hay más que poner límites al poder desde los mecanismos de la democracia para finiquitar de una vez por todas el lastre de la corrupción, que ha impedido a México crecer en todos los sentidos posibles. Confieso que me gustaría, pero no es suficiente. La enfermedad que vive México a causa de la corrupción es tan compleja que las recetas se quedan cortas.

En este libro me adentraré en el fenómeno de que todo puede cambiar para que no cambie nada. El gatopardismo mexicano ha impedido erigir un régimen político bajo los pilares correctos.

En *La hora de la estrella*, la grandiosa escritora brasileña Clarice Lispector escribe que, mientras tenga preguntas y no respuestas, seguirá escribiendo. Esa es la motivación principal de esta pesquisa. Confieso, con un poco de tranquilidad y enorme conciencia de causa, que en el tema de la corrupción existen más preguntas que respuestas.

Hace más de dos milenios que el término ha sido materia de reflexión, estudio y especulación de filósofos y científicos, de políticos e historiadores; sin embargo, el siglo XXI confirma que el esfuerzo es insuficiente: para confinar a la muerte a este flagelo hay que seguir haciendo preguntas porque las respuestas se quedan cortas. Combatir la corrupción es un asunto que requiere creatividad, innovación, reflexión formal y rigurosa e imaginación. Nuestro gatopardismo en lo que respecta a la corrupción se alimenta de la dificultad para entender el fenómeno, diagnosticarlo adecuadamente, medirlo, evidenciarlo, implementar las políticas públicas correctas, medir su impacto y desempeño, volver a hacer el diagnóstico, corregir las falencias y potenciar las virtudes, y así sucesivamente hasta lograr un algoritmo exitoso.

El propósito intelectual de este libro es reconstruir el rompecabezas histórico, social, político y cultural de la corrupción en México para mostrar cómo hemos sido proclives a mantener la corrupción y a que se manifieste de tanto en tanto una suerte de gatopardismo en el que los grupos de poder en oposición buscan cambiar el *statu quo* para instaurarse en el gobierno, pero, paradójicamente, sin cambiar nada en realidad.

IDEAS PARA GUARDAR EN EL BOLSILLO MIENTRAS ESCRIBO EL LIBRO, MIENTRAS USTED LO LEE

La corrupción en México es un fenómeno que no permite reducirse a simplezas. No somos corruptos solo por una fatalidad cultural. La corrupción no es el resultado del neoliberalismo de los últimos 30 años. La corrupción no se elimina por decreto. No traemos en el ADN un gen corrupto. A la corrupción la cruzan varias dimensiones que de alguna u otra manera la explican. Es una práctica racional que maximiza beneficios económicos; es una maña cultural que nos promete más que la honestidad; es un problema atávico que tiene siglos echando raíces; es una identidad lingüística que seguimos porque es sabiduría popular; es el corolario de leyes torcidas que privatizan el poder y recursos públicos. La corrupción está conformada también de usos y costumbres. Es un fenómeno social, cultural, económico, político y legal, pero con un origen en común: no nos pertenece por antonomasia, es una imposición, a veces consciente y a veces inconsciente, por parte del Estado. De cierta manera, estamos secuestrados por un Estado corrupto y sus tecnologías de poder. Esta condición que nos viene de fuera y se nos incorpora a través del placer o el dolor no significa eximirnos de la responsabilidad de nuestros actos de corrupción, sino que debería alertarnos del monstruo al que enfrentamos. No se trata de la voluntad del líder o la personal sin más para derrotar el flagelo. Requerimos un sistema integral, coordinado, colectivo, que haga frente al Estado.

Cuando se habla de la corrupción en México estamos frente a un problema común a todos que requiere ser referido en primera persona del plural. Nuestra corrupción. Aquella que nos envuelve a través de la imposición o del placer. A veces nos obligan a pagar un soborno contra nuestra voluntad. A veces lo hacemos mientras nos sentimos triunfadores. Así oscila nuestra corrupción, siempre como una opción, en muchas ocasiones como la primera y más obvia de las alternativas.

Me parece imprescindible, al abordar esta problemática, dejar de hablar de la corrupción de los mexicanos, como si nos exculpáramos de ella, como si nos fuera ajena. Dejemos de hablar de ella como el tropiezo ajeno. Pareciera que uno siempre está exento, porque es pulcro y honesto: la suciedad de allá fuera no me mancha, por eso estoy en condición de criticarla y de ofrecer soluciones. Me parece muy sano acercarse al fenómeno como lo que es, un problema que nos pertenece a todos y que solo así podremos defendernos de él.

De las varias aristas que moldean la acendrada corrupción en nuestro país, la gubernamental tiene alcances inimaginables. El abuso del poder público para beneficio personal de quienes lo detentan pervive a través —literalmente— de los siglos. El libro que comparto aquí se concentra en gran medida en contar y tratar de entender el devenir de la historia de cómo el poder público ha sido privatizado por cinco siglos, desde las primeras manifestaciones de un Estado impuesto por los españoles hasta nuestros días. Me interesa explorar esta vertiente porque es quizá la más visible, quizá la más perniciosa y muy probablemente la que más daño ha hecho al bienestar de nuestra nación.

La corrupción del poder público tiene dos caras de una misma moneda. Por un lado, la más visible y obvia: el ejercicio abusivo de los encargos en el gobierno, que se ejemplifican en diferentes niveles: desde la mordida en una ventanilla de atención al público hasta el despiadado robo de las arcas del erario por parte de funcionarios influyentes. Y por el otro, el de la simulación, tan o más perjudicial para la salud de la república. El gatopardismo como representación política de la pervivencia de la corrupción: cambiar todo para que no cambie nada. Usualmente, en las épocas en las que se descaran los corruptos, florece una narrativa enjundiosa que pretende cambiar el pasado reciente de manera radical, esgrimida por actores políticos opositores que aspiran a sustituir a quienes detentan el poder en ese momento. El discurso es uno de cambio, pero, en el fondo, la corrupción se mantiene igual. Lo único que se modifica son los equilibrios de poder. Si revisamos la historia, vemos que ha habido varios momentos estelares de gatopardismo que han convocado inequívocamente a la pervivencia del suelo fértil para la corrupción.

Primera parte

LA INFAME HISTORIA DE NUESTRA CORRUPCIÓN: ORÍGENES, CONTEXTO Y EVOLUCIÓN

1

De la Colonia al siglo xx

...pero hacía mucho tiempo que los representantes de la monarquía española no venían a buscar a los agüeros del combate; sino a esquilmar a los pueblos sin encontrar resistencia.

Ignacio Ramírez, El Nigromante

EL MEXICANO EN EL ESPEJO

Simular es inventar o, mejor, aparentar y así eludir nuestra condición. La disimulación exige mayor sutileza: el que disimula no representa, sino que quiere hacerse invisible, pasar inadvertido, sin renunciar a su ser. El mexicano excede en el disimulo de sus pasiones y de sí mismo.

Octavio Paz

En México se han hecho tentativas por encontrar la esencia del mexicano, la identidad de lo mexicano. Octavio Paz escribió *El laberinto de la soledad* y luego su reedición con el apéndice *Posdata*. Samuel Ramos ejercitó la reflexión desde el psicoanálisis y la filosofía en *El perfil del hombre y la cultura en México*. Alfonso Reyes —a quien Jorge Luis Borges consideraba "infinitamente superior a Ortega y Gasset" y "uno de los mayores escritores de las diversas

29

literaturas cuyo instrumento es la lengua española"— buscó asir un perfil del mexicano y de lo mexicano; ensayos como *Visión de Aná-huac, México en una nuez* y *Reflexiones sobre lo mexicano* dan cuenta de su estudio del tema.

De los tres autores podemos extraer algunas consideraciones que incluso ya se han vuelto parte de la explicación cotidiana acerca de nosotros mismos. La alegoría de ser hijos de la Malinche —hijos de la chingada—, en Paz,[1] o el sentimiento de inferioridad, según Ramos, son argumentos que de cuando en cuando uno que otro mexica-no busca esgrimir para hablar de sí mismo y de sus compatriotas. De Reyes nos quedamos siempre con la idea de un mexicano reluciente, brillante, un ser que no acaba de ser porque sigue oprimido por las carencias que, una vez resueltas, darán paso a su verdadera esencia.[2]

También podemos voltear hacia otros igual de importantes, igual de empeñosos en su afán de entender el ser mexicano. Antonio Caso veía incompleta la psicología del pueblo mexicano "porque el alma colectiva de los mexicanos no ha cuajado aún en formas o aspec-tos característicos y definitivos".[3] Para él, el mexicano tenía defectos inmanentes al origen étnico, el mestizaje parecía haber resulta-do en la pervivencia de lo malo de los españoles y de los indíge-nas: los defectos y los vicios. Pero aspiraba a un destino superior por medio de conceptos como la caridad, en contraposición al egoís-mo y la individualidad. Caso era un antipositivista y antimodernista, tenía aprecio por una metafísica más cercana al idealismo y al hege-lianismo, de ahí su idea del pueblo mexicano como una especie de destino: el mexicano como un proyecto, una latencia. José Vascon-celos, de la misma generación y de las mismas ideas revolucionarias que Caso, también abrazó la "raza cósmica" como un proceso. Para él, lo mexicano pertenece a una raza más amplia, iberoamericana, que también es un proyecto en formación, una raza futura, una sín-tesis hegeliana animada en la vida diaria por la libertad de espíritu que ejerce el pueblo.[4]

De alguna u otra manera, cada uno de estos autores ha tenido razones para pensar al mexicano desde su propia idiosincrasia y perspectiva intelectual; es interesante lo que dicen, pero también lo que omiten. La corrupción no es un tema fundamental en sus reflexiones, y sin embargo, creo que sería útil intentar vernos en un espejo así para saber qué somos, cómo somos y cuál es el futuro que podemos construirnos. O quizá lo tenían en mente, y cuando hablaban de vicios y defectos rozaban ligeramente el concepto de corrupción. En Octavio Paz podemos encontrar una variante reveladora: para él, la corrupción no es intrínseca a lo mexicano, sino que se encuentra fuera, en el Estado; en particular, la sitúa en el Estado postrevolucionario. En su *Ogro filantrópico* escribe a propósito del tránsito del Estado débil, en términos políticos, a uno más poderoso: "Bajo la dictadura del general [Porfirio] Díaz el Estado mexicano empezó a salir de la pobreza.[5] Los gobiernos que sucedieron a Díaz, pasada la etapa violenta de la Revolución, impulsaron el proceso de enriquecimiento y muy pronto, con Calles, el gobierno mexicano inició una carrera de gran empresario. Hoy es el capitalista más poderoso del país, aunque, como todos sabemos, no es ni el más eficiente ni el más honrado".[6]

En este sentido, el Estado corrupto es quizá la punta de lanza para poder entender un poco mejor cuál es la relación entre los mexicanos y la corrupción. Bajo mi óptica, los mexicanos no son corruptos por naturaleza, no les viene de su cultura ni de su sociedad, no es su historia personal ni colectiva; es la cultura, la sociedad y la historia de una entidad más abstracta, más desprendida de nosotros, más poderosa y coercitiva: el Estado. Desde la Colonia hasta nuestros días, el Estado mexicano —en ocasiones más fuerte que otras— siempre ha optado por amenazar la honestidad, la probidad. La corrupción es para nosotros una condición que nos dan, porque no nos viene dada. Nos la imponen: es una fatalidad y somos muy conscientes de ello. El gran proyecto liberal de la Reforma es quizá el único corchete de excepción, justamente por ser un Estado más pequeño, menos opresor.

Para Enrique Krauze "la corrupción no era una falla moral inherente al mexicano. Era y es universal".[7] Estoy de acuerdo con la primera aseveración y, de alguna manera, confluye con mi postura al respecto. En cuanto a la segunda, no coincido del todo. Es cierto, corrupción hay en todo el mundo, nadie se exime. Los países más desarrollados, con sistemas de justicia y Estados de derecho bien consolidados, tienen casos de corrupción de pequeña y gran escala. Pero si esta universalidad fuera igual, seguramente veríamos indicadores similares para todo el mundo en los ejercicios globales de percepción sobre corrupción, y eso no es así. México, desde que existen estos instrumentos, ha sido mal evaluado consistentemente.

Si revisamos algunos de estos ejercicios podremos entender un poco más la idea de que los mexicanos son, por un lado, perfectamente conscientes de la corrupción existente en el país y, por el otro, saben de la fatalidad del fenómeno.

Es deseable hacerse la pregunta por la corrupción desde una perspectiva ontológica y desde otra fenomenológica: la naturaleza y la apariencia de lo corrupto. La historia ha sido pródiga en manifestaciones de abuso de poder para fines privados.

Hace no mucho tiempo, el expresidente Enrique Peña Nieto tuvo el desatino político e intelectual de asegurar que la corrupción en México es un problema cultural. La molestia de los ciudadanos no se desató por esta frase, sino por el mensajero, envuelto en diversos escándalos por el uso del poder público con fines privados durante su gestión como presidente y previamente como gobernador del Estado de México, el más densamente poblado del país, quien argüía cínicamente que él y sus actos no eran obra y responsabilidad suya a causa de su ambición por enriquecerse como servidor público. Como ejemplo menciono solo uno de ellos, el de mayor impacto negativo frente a México y el mundo entero: la "casa blanca".

La desafortunada frase de Peña Nieto es una desvergüenza intelectual porque debió reconocer, *motu proprio,* que en realidad se trata de un fenómeno multifactorial, donde los genes sociales juegan un papel al igual que las sumas y restas que un individuo hace de manera racional al decidir corromperse, como también las condiciones políticas y económicas de una comunidad.

Para Enrique Krauze, la corrupción "no es un rasgo cultural antiguo e idiosincrático, sino un proceso histórico relativamente reciente, susceptible de ser controlado y, en gran medida, superado".[8] Estoy de acuerdo con su optimista corolario de que es un fenómeno que tiene solución. No me atrevería, por otro lado, a asegurar que pueden rastrearse los orígenes de las prácticas corruptas actuales en la Colonia, el siglo XIX o en la Revolución de 1910. Este debate se lo dejo a los historiadores. Lo que sí deseo es hacer un recuento breve de la historia de la corrupción en México. Me concentraré de manera esquemática en varios periodos, unos en los que la corrupción era el pan de cada día y otros, los menos, en los que hubo importantes políticas para abatirla de la cotidianidad nacional. De la Colonia al siglo XXI, pasando por el porfiriato, la Revolución mexicana, la burocracia del periodo de Miguel Alemán, el neoliberalismo de finales del siglo XX, queda claro que el país ha padecido actos de cohecho, nepotismo, tráfico de influencias, y un largo etcétera. Me detendré en los pocos lapsos donde se buscó, de una u otra manera, enfrentar la corrupción: las reformas borbónicas, la Reforma liberal del siglo XIX y los sexenios de Adolfo Ruiz Cortines, Miguel de la Madrid y Vicente Fox. (Advertencia: no por ser periodos de moralización contra actos que contravienen el servicio público fueron exitosos o, en su defecto, buscaron siquiera obtener resultados más allá del discurso y la simulación, fenómeno más que predecible en la media nacional.)

LA COLONIA Y EL VIRREINATO

Tras el encuentro de América y Europa en la llamada Conquista, legítima o ilegítima —un debate que hoy en día, después de cumplirse 500 años de aquella historia, está más vivo que nunca—, se fue delineando una estructura social, política y económica basada en la vinculación de una porción muy amplia del "nuevo continente" a la Península. Para el Imperio español, gestado desde finales del siglo xv y durante los años del reinado de Felipe II, aquel hombre taciturno de la "Armada Invencible" y el castillo negro de El Escorial, implicó la creación de diversas organizaciones e instituciones. No eran lo mismo la administración europea y los virreinatos de las Indias. Existe una discusión entre historiadores acerca de si la monarquía española era ya un Estado moderno, con estructuras burocrático-administrativas como las conocemos hoy en día, o si se trataba de un régimen feudal, constituido por estructuras nobiliarias sin organigramas administrativos. Pero no es mi interés abordar tal tema. Me concentraré en la España de los siglos XVI, XVII y XVIII y sus territorios de ultramar como un Estado moderno, basado en instituciones funcionales, un sistema de justicia estable y una burocracia cuyo propósito era la eficiencia y eficacia en el tratamiento de los asuntos gubernamentales. Incluso, siguiendo las conclusiones a las que ha llegado Horst Pietschmann, la organización burocrática y administrativa que describe a los Estados modernos europeos —de los pioneros Luis XI, Enrique VII y los Reyes Católicos— fue llevada a su estado más puro en América.[9] El propio Pietschmann aporta elementos valiosos para entender la Colonia como un modelo original de Estado moderno, y con esto en mente nos da pauta para observar las conductas de este tipo durante aquellos años:

> La expansión trasatlántica de las monarquías ibéricas desde finales del siglo XV se ve acompañada por otro fenómeno histórico de enorme

trascendencia universal: el surgimiento del Estado moderno. Sin insistir mayormente en los problemas de interpretación en torno a este fenómeno, se puede afirmar que sus rasgos más importantes fueron el reglamento del ejercicio del poder y de la vida social en general por un complejo sistema de normas jurídicas emanadas del príncipe como encarnación del supremo poder estatal y la administración y aplicación de estas normas legislativas por un cuerpo de funcionarios al servicio del monarca, cuerpo que se va perfilando ya desde siglos anteriores y que durante el siglo XVI tomó un enorme incremento numérico.[10]

Es en los Estados modernos donde podemos encontrar la corrupción como la conocemos hoy en día. El abuso del poder público que se otorga a un burócrata para representar los intereses del Estado, y que termina utilizando para llevar agua a su molino, para satisfacer intereses privados, no se puede dar en regímenes en los que el Estado se representa a sí mismo, donde el monarca es el poder: de él emana el poder y él mismo lo ejerce para su beneficio. En la Colonia podemos encontrar las primeras historias de corrupción.

Para aquellos que no lo tengan tan claro, la América de la Corona española de Castilla —de mediados del siglo XVI a principios del XIX— estaba dividida en virreinatos: el de la Nueva España (en el que quiero concentrarme, porque involucra a México), el del Perú, el de Nueva Granada y el del Río de la Plata. Un factor que caracteriza desde aquellos tiempos el sistema político y social de nuestro país es la existencia de autoridades gubernamentales con el total control del territorio. Los virreinatos son el origen más primitivo de nuestro sistema político actual.

Cada uno estaba gobernado por una estructura administrativa encabezada por un virrey que obedecía las instrucciones del rey de España: este contaba con un poder imperial absoluto sobre sus territorios que hacía valer por medio de esta estructura representativa del monarca. El virrey y la Audiencia Real, llamada en la Nueva España como la Real Audiencia de México, constituida en 1527, tenían la potestad sobre las tierras.

Abajo del virrey se encontraban cientos de funcionarios, muchos de ellos juristas —quizá algunos más leguleyos que abogados—; alrededor de 250 personas nombradas por el rey o el virrey para gobernar una población desperdigada en un vasto territorio donde había ciudades y pequeñas villas habitadas por españoles peninsulares, criollos e indios. Además de los burócratas, conformaban la autoridad representantes electos. Del mismo modo, las localidades estaban sujetas a un orden eclesiástico, conformado por un ejército de curas parroquiales apostados por concurso; sus capellanes, que en múltiples ocasiones llevaban a cabo las obligaciones de los primeros, y por doctrineros.[11] Este retrato del sistema político de la Nueva España está enmarcado en la era del imperio Habsburgo, principalmente, cuyos más egregios exponentes fueron Carlos I y Felipe II, de la casa de Austria.

Durante muchos años creí que había sido la Iglesia católica la única causante de una dinámica de corrupción durante la Colonia; mi sesgo ateo siempre me había hecho tener el prejuicio de que debemos la corrupción rampante de nuestro país a las malas prácticas del clero, que se remontan a cuatro siglos atrás. Sin embargo, esto no es cierto en gran medida. Los actos de corrupción los llevaban a cabo los representantes del gobierno, quienes era los únicos que tenían pleno conocimiento de las leyes y representaban al poder encarnado en el rey, dueño de las tierras conquistadas y de sus frutos, principalmente metales preciosos como el oro y la plata. Solo los burócratas responden a la legislación real; los eclesiásticos dependían de otras reglas y otras instituciones. Por supuesto, y como de manera acertada escribe Pietschmann, esto no impidió a grupos diferentes a la burocracia llevar a cabo una clase similar de irregularidades.[12]

Los historiadores, como el propio Pietschmann o Salvador Cárdenas Gutiérrez, e incluso Enrique Krauze, observaron que la corrupción era un problema sistémico de la época, no una serie de casos aislados individuales y anecdóticos.

En el capítulo tercero de *Patrons, Partisans, and Palace Intrigues. The Court Society of Colonial Mexico, 1702-1710*, de Christoph Rosenmüller, titulado "Court and Corruption in Colonial Mexico", el autor comienza por hacer una descripción del debate académico, historiográfico y jurídico que se ha llevado a cabo en los últimos 60 años desde que se ha acrecentado la atención y preocupación ante el problema de la corrupción en América y en Europa. Se mencionan tres diferentes escuelas de pensamiento que arrojan una perspectiva particular sobre el tema: en la primera destaca el historiador holandés Jacob van Klaveren, quien argumentó a principios de la década de los sesenta que los "burócratas y aristócratas municipales, quienes controlaban la aplicación de las leyes comerciales, aceptaban por voluntad propia sobornos para suspender estas regulaciones en detrimento de los comerciantes, la Corona y el público en general".[13] Para él, la corrupción era tan grande que "la consideraba el 'tercer componente' de su historia económica de España".[14] Además, Van Klaveren sostenía que dichos burócratas y aristócratas municipales apelaban a la legislación cuando los comerciantes se rehusaban y evadían el pago de sobornos, defendiendo en estos casos las prerrogativas reales. La corrupción, para el autor, violaba los principios del mercantilismo y el libre intercambio de bienes en el territorio virreinal, y también el comercio internacional.[15]

La relevancia de Van Klaveren radica en que el suyo fue el primer proyecto de interpretación de la Colonia a partir de la corrupción, vista con la lente del siglo XX: lo hizo ensayando un análisis crítico del Estado español y sus colonias mediante conceptos de su época. Sin duda, para el holandés la noción de corrupción ya se vinculaba con un problema de agente-principal, en el que el primero abusa de su poder para beneficio privado. El mérito no es menor, pues hasta ahora se sigue analizando la historiografía de la corrupción de modo similar.

La teoría de Van Klaveren fue inmediatamente refutada por los historiadores económicos Ramón Carande y Richard Konetzke, quienes criticaron el papel tan relevante otorgado a la corrupción en el sistema mercantil de la época y "remitiéndole a la serie impresionante de juicios de procedencia del Archivo General de Indias, que en opinión de los dos críticos demuestran que la corrupción era más bien una excepción y no la norma".[16] A lo largo de las últimas décadas, sin embargo, se han elaborado obras subsecuentes que, al contrario, indican que los juicios de residencia muestran la sistemática corrupción imperante en aquellos siglos.

Por otro lado, el historiador John Leddy Phelan escribía en la misma década de los sesenta que el principal problema para la incidencia de corrupción en las colonias de la monarquía española en América eran los sueldos y salarios. Para él, los virreyes eran sumamente honestos debido a que contaban con altos sueldos, muy por encima de los demás funcionarios públicos; la inequidad en las remuneraciones provocaba que los oficiales virreinales —aquellos que no tenían expectativas de ascenso, crecimiento del salario o la certidumbre de beneficios en el retiro— se corrompieran. Una vez que salían de Europa, llegaban al Nuevo Mundo y se volvían propensos al deterioro moral.[17] Aun cuando Phelan ve en la corrupción un problema estructural —según lo describe Rosenmüller—, lo considera, de cierta manera, un problema de moral individual.[18]

Para Horst Pietschmann, reconocido historiador de las instituciones, dedicado al análisis crítico de la colonia española en América, la corrupción era un fenómeno extendido en Europa, pero había penetrado en las llamadas Indias de una manera mucho mayor. Para él, esta se define como "la transgresión de preceptos legales y normativos con fines propios o de grupo".[19] Asimismo, identifica cuatro formas de ella: comercio ilegal, soborno, favoritismo y clientelismo.[20] Así describe de manera general el estado de cosas en los siglos XVI y XVII, los primeros de la Nueva España:

Prácticas corruptas se encuentran en las esferas más altas de la administración colonial desde el principio de la colonización. Así, son bastante conocidos los manejos de la primera Audiencia de México, durante la presidencia de Nuño de Guzmán, para adjudicarse indios en encomienda, vender indios como esclavos o forzarlos para el trabajo de minas, etc., a pesar de instrucciones reales que lo prohibían. Igualmente son conocidos los atropellos cometidos por los primeros oficiales reales, especialmente el tesorero Alonso de Estrada. Es esta la época que podríamos designar como fase de repartición del botín de la Conquista y que dura hasta muy entrado el reinado de Felipe II, época en la cual se reparten mercedes de indios y de tierras, sobre todo, pero también cargos y otros favores y privilegios a familiares, allegados y funcionarios de toda clase. Sobre todo, los virreyes, que solían llegar con un séquito grande de familiares y criados, distribuyen ventajas a manos llenas a aquellos, iniciando así una práctica que continuó durante toda la época colonial. Además, se notan ya en el siglo XVI excesos de toda clase cometidos por una u otra audiencia entera o por oidores en lo individual; así se relatan hasta asesinatos, negocios de juegos prohibidos, maltratos de pleiteantes, sobornos, etc. Excesos parecidos se denuncian en los oficiales de real hacienda. La Corona, por cierto, intentó poner freno a estos manejos mediante el despacho de visitas de residencias, y hasta condenó a dos oidores a ser ahorcados. Con todo, parece que hacia finales del siglo XVI y principios del XVII las cosas iban de mal en peor a pesar de todos los esfuerzos de represión de los abusos; al menos las fuentes adquieren mayor valor expresivo sobre el particular.[21]

Más adelante continuaré un poco más acerca de los hallazgos de Pietschmann. Señalo, por lo pronto, la importante contribución de este historiador para reformular el desarrollo de la Nueva España en el ámbito de las instituciones administrativas. De alguna manera, su relevancia estriba en que logró vincular de manera inteligente una definición eminentemente moderna de corrupción con prácticas de otras épocas.

LA CORRUPCIÓN EN LOS PRIMEROS SIGLOS
DE LA COLONIA

Las reglas en la Nueva España eran menos rígidas que en los demás reinos españoles en Europa, pues la ética demasiado rigurosa de la Península no llegó a permear en las instituciones de la Colonia. En consecuencia, la burocracia novohispana convivió al mismo tiempo con las leyes emanadas del Consejo de Indias y las "informales reglas y rutinas"[22] de la corrupción, lo que provocaba un daño sistemático al gobierno y permitía casos aislados de conducta ilegal.

En aquellos años, la venalidad en los cargos públicos se consideraba legítima y legal. Era el rey de España o el virrey de la Nueva España quienes otorgaban los oficios a criollos y peninsulares, cargos que se compraban por un periodo no mayor a cinco años. El acceso a estos puestos se daba gracias a la buena reputación y a las relaciones que los aspirantes —o pretensores— a funcionarios públicos tenían dentro de las llamadas cortes en la capital del reino.

"Felipe II fue quien introdujo este tipo de venta legal con el objeto de allegarse medios económicos para el sostenimiento de la monarquía; con los Austrias menores, dio inicio el llamado "beneficio de empleos", por el que se conferían cargos, títulos y gracias contra el pago previo de una cantidad en efectivo."[23]

La corrupción se volvió un fenómeno difícil de controlar desde mediados del siglo XVI[24] y con mayor incidencia y generalización (es decir, que permeaba desde la más baja burocracia hasta la Corona) a partir del siglo XVII.[25] Además del tráfico de influencias, el nepotismo, el cohecho, el fraude y otras formas del abuso del poder que detentaban los funcionarios de esta monarquía absoluta, de este moderno Estado absolutista, la venalidad en las plazas provocó inercias muy identificables.

Como los cargos se compraban por un plazo determinado, los burócratas tenían un tiempo límite en su ejercicio para conseguir el retorno de la inversión: en menos de cinco años debían haber saldado el costo de la plaza y ver remunerado su trabajo con creces. Al parecer eran principalmente los corregidores y los alcaldes mayores quienes más se corrompían en el uso del poder público. Como enumera Salvador Cárdenas Gutiérrez en su ensayo "La lucha contra la corrupción en la Nueva España, según la visión de los neoestoicos", la alta burocracia

> solía imponer a los indios la obligación de realizar servicios personales o de venderles ciertos productos, como la grana de cochinilla, la vainilla y las manufacturas de algodón, a precios ínfimos, incluso les forzaban a fungir como sus intermediarios en detrimento de su pingüe patrimonio familiar; además, acaparaban el abasto en periodos de escasez, establecían redes de lealtades personales y, por lo general, interpretaban la ley en su favor y de ese modo obtenían sus granjerías.[26]

Una de las prácticas comunes de los funcionarios reales era abusar de su oficio para beneficiarse del comercio que fluía en su jurisdicción; desde los despachos del rey y del virrey se comenzaron a vender los cargos a un precio que dependía del atractivo comercial que representaban. Los principales involucrados eran, en estos casos, los alcaldes mayores, los corregidores y los subdelegados. Pietschmann logró probar que

> estos cargos estaban cotizados en la metrópoli de acuerdo a una jerarquía de sus rendimientos ilegales, especialmente por ingresos procedentes de actividades comerciales prohibidas [...] los precios a

los cuales se beneficiaban estos cargos se orientaban en el monto de estas posibilidades de ganancia ilegales, fijándose precios distintos a cada jurisdicción de acuerdo con la jerarquía de su cotización o valoración en términos económicos. Los precios que había que pagar por un nombramiento en la metrópoli en ningún caso podían recobrarlos los beneficiados por medio del sueldo legalmente asignado a cada cargo durante su duración de tres o cinco años, tanto más que a lo largo del siglo XVIII estos sueldos se dejaban de pagar enteramente y había que agregar al precio de "compra" sumas importantes para trasladarse al lugar de destino, para lograr el despacho del título por parte de la administración virreinal y para conseguir las fianzas precisas. Consiguientemente, la Corona se hacía partícipe de los procedimientos fraudulentos y toleró que por sus propios procedimientos aumentara la necesidad de transgresión de sus propias normas que ella había impuesto a través de su propia legislación.[27]

Más o menos generalizada, la corrupción era producto esencialmente de la venalidad en los oficios o encargos, ya que se daba en un entorno que la propiciaba fácilmente. La distancia entre la Península y las Indias americanas, además de lo vasto del territorio de la Nueva España, permitieron con bastante facilidad que los encargados de administrar las tierras y riquezas de la Corona, así como de representar sus intereses, en realidad se convirtieran en pequeños poderes absolutos y arbitrarios, simulando una superioridad sobre los habitantes de la ciudad o jurisdicción que les correspondiera. Por ello, aunado a las desviaciones inmanentes a su encargo, se beneficiaron mediante el fraude, el robo, el cohecho, y aprovecharon las relaciones al margen de cualquier conflicto de interés. No era posible ni deseable solapar esta dinámica. Se endurecieron las leyes anticorrupción. El llamado *juicio de residencia* se convirtió en un mal trago para virreyes y demás funcionarios de alto rango. Se eliminaron los cargos de alcaldes mayores y de corregidores para implementar un sistema de intendentes que enfrentara las calamidades de la venalidad y sus repartimientos.

La metrópoli llevaba a cabo visitas y juicios de residencia, además de pesquisas llevadas a cabo por jueces comisariados para vigilar y controlar a los funcionarios de las Indias. En el primer caso, era una suerte de monitoreo para revisar principalmente la Real Hacienda durante su gestión; por su parte, los juicios de residencia se llevaban a cabo al finalizar la gestión de un gobernador y se ampliaban a quienes habían ostentado algún cargo inferior o municipal. Así se estableció en los Capítulos de Corregidores de 1500, que promulgaron los Reyes Católicos. Para algunos historiadores, estos juicios de residencia eran en exceso severos y mostraban la existencia de un Estado de derecho más sólido que el del México independiente; estaban constituidos para que un funcionario público, terminando su periodo, rindiera cuentas a la Corona por el desempeño de su oficio, de tal manera que si hubiese cometido alguna falta o actuado de forma dolosa contra el bien del reino o de alguno de los gobernados, se le obligara a resarcir el daño o fuera castigado por sus delitos. Los actos de corrupción y delitos contra el erario eran investigados y consignados como parte del juicio.

Esta institución buscaba resolver los problemas que generaba la distancia entre España y los territorios conquistados, vinculados por el control estatal. En Europa también existía. Mientras se llevaba a cabo el juicio, al burócrata de alto rango se le arraigaba en su casa, y de ahí el nombre de juicio de residencia, pues debía transcurrir el proceso en un domicilio determinado exprofeso. Comúnmente duraba entre 30 y 50 días; en ocasiones, derivado del juicio de residencia se sustituía al funcionario por sospechas de conductas ilegales denunciadas. Como lo describe de manera clara y sencilla José Luis Martínez,[28] el propósito del juicio de residencia era el de regular el comportamiento de los funcionarios y permitir que oportunamente y en su propio lugar de residencia se ventilaran, sancionaran o aprobaran los actos de las autoridades. El juez al que se confiaba el juicio lo publicaba durante dos meses, a fin de que todos los que se consideraran agraviados pudieran intervenir. Habitualmente se presentaban interrogatorios previos a que los testigos de cargo y descargo debían contestar bajo juramento. Una vez concluidas las informaciones, se remitían al Consejo de Indias que dictaba sentencia y lo daba por terminado.[29]

Se estima que durante el siglo XVI se llevaron a cabo unos 200 juicios de residencia.[30] Vale la pena añadir, a manera de apéndice y complemento, que, junto con este instrumento de control, la Corona contaba con otro procedimiento: la visita. Carlos Ernesto Barragán y Salvatierra la describe de la siguiente manera en su ensayo "El virreinato y el juicio de residencia a don Miguel José de Azanza":

> La visita era un procedimiento secreto que no se incoaba en contra de persona determinada, en cada visita se comprendía a varios funcionarios, de tal suerte que estos no sabrían indudablemente si les hacían cargos o no, y en su caso, por quién y por qué; desconocían inclusive si finalmente eran sentenciados culpables o inocentes por el Consejo Real y Supremo de Indias, creado como órgano autónomo el 1 de agosto de 1524.
>
> Por esta razón, los visitados no tenían una verdadera oportunidad de defensa y, por ende, tampoco de aportar pruebas idóneas para desvirtuar las imputaciones que se les hicieran.[31]

Como podemos notar claramente, a diferencia de las visitas, los juicios de residencia eran procesos públicos en los cuales el enjuiciado tenía derecho a defenderse.

El primer juicio que se llevó a cabo en la Nueva España fue el *sui generis* aplicado a Hernán Cortés. Consta de alrededor de 6 mil folios que se encuentran hoy en día en el Archivo General de Indias, en la ciudad de Sevilla, España. Según refirió el historiador e hispanista británico Hugh Thomas (1931-2017), hay poca investigación seria en torno al expediente, que seguramente podría dar luz a mayores y mejores interpretaciones del caso y, en general, del papel de Hernán Cortés en la historia común de España y México. Él mismo fue un estudioso del tema, al igual que Francisco Manzo Robledo y el propio José Luis Martínez. Al día de hoy se han publicado algunas partes del expediente que contiene el juicio de residencia, pero no la totalidad.

El juicio tuvo como una de sus particularidades que se inició cuando Hernán Cortés aún se encontraba en funciones, derivado de denuncias de varia índole que habían llegado hasta la Península a oídos del rey Carlos V. Además, a diferencia de la mayoría, se prolongó durante varios años y nunca alcanzó una resolución. Fue, como menciona Hugh Thomas, el juicio de residencia más largo del siglo XVI.[32]

Después de que al monarca le llegaran noticias, chismes, acusaciones, de los abusos y corruptelas que Cortés había estado cometiendo en los territorios de América, nombró a Luis Ponce de León para presidir el juicio de residencia contra quien en ese entonces todavía se ostentaba como gobernador de la Ciudad de México. Ponce de León llegó el 2 de julio de 1526 y tomó como primera medida despojar a Cortés de su cargo como gobernador. Además, como se usaba en los juicios de residencia, se difundió públicamente, invitando a la gente a ser oída en sus testimonios a favor o en contra del enjuiciado en audiencias durante 90 días. Sin embargo, Luis Ponce de León muere el 20 de julio, apenas unos días después de que comenzara el proceso; pero cuatro días antes nombra al licenciado Marcos de Aguilar como encargado del gobierno, quien, por desgracia, también muere unos meses después, en marzo de 1527, por lo que queda inconcluso el juicio. Algunos historiadores aducen que ambas muertes tienen un sospechoso olor a asesinato. Hugh Thomas, por ejemplo, advierte que Ponce de León muere por envenenamiento "aparentemente por comer una especie de natilla".[33]

En diciembre de 1527, Cortés se embarcó hacia España para hacer la defensa de su caso ante el rey. En diciembre de 1528 se nombró a la primera Audiencia Real, cuyo presidente era Nuño de Guzmán, quien semanas después reabrió el juicio de residencia, a principios de 1529. Mediante un cuestionario —como en cualquier juicio de residencia— se dieron las declaraciones de 90 testigos, presuntamente escogidos por la Audiencia; el evidente sesgo provocó reacciones de los procuradores de la corte, quienes lograron que no se admitiera el expediente. A finales de ese año García de Llerena presentaría a nombre de Cortés los "descargos" en su defensa. A causa de las irregularidades, la reina instruyó a la Audiencia a desentenderse del caso, ordenando que se enviara el expediente completo al Consejo de Indias. La segunda Audiencia tampoco pudo retomar el juicio de residencia porque para ese momento ya había sido sobreseído. En 1534, Cortés pidió al rey reabrir el caso: es muy importante este dato en su biografía, porque su objetivo era hacer una apología de su participación en la conquista de México, y de las proezas que llevó a cabo como militar y como gobernador de la ciudad. Durante más de dos años, hasta 1537, se desarrolló la defensa, en la que participaron esencialmente amigos y cercanos del hoy vilipendiado personaje. Una vez más, el expediente fue enviado a las Cortes de Indias sin una resolución final. En 1537 le conminaron a presentarse ante dicho consejo para dar seguimiento al juicio y llevarlo a su sentencia final. Esto no sucedió en ningún momento y Hernán Cortés murió en 1547 con el juicio inconcluso a cuestas.

De enero a abril de 1529, cuando se llevó a cabo la primera fase, 22 testigos fueron llamados a declarar. Además de acusaciones de blasfemia, de seducir a todas las mujeres que vivían y trabajaban en su casa, de asesinar a todos aquellos que lo contrariaban, Hernán Cortés fue acusado por Bernardino Vázquez de Tapia, uno de los llamados a testificar, de amasar una inmensa fortuna y de construir ostentosos castillos con ella.

Otro de los primeros juicios de residencia fue el de Pedro de Alvarado, pionero también en la conquista de México y uno de los que lograron vencer a los aztecas para hacerse del territorio que más tarde bautizarían como la Nueva España. Después de meses de batalla, incluidos fracasos como la Noche Triste, Alvarado y demás españoles recapturaron Tenochtitlán en 1521, y al año siguiente fue nombrado primer alcalde de la ciudad. Natural de Badajoz, hijo del comendador de Lobon, llegó a América en 1518 de la mano de Juan de Grijalva, en calidad de capitán de navío. Además de alcalde, llegó a ser gobernador de Guatemala; sin embargo, los escándalos en que se vio involucrado no fueron pocos.

Como sucedía habitualmente, durante su proceso de residencia, que se llevó a cabo en 1529, a Alvarado se le realizaron pesquisas secretas y se interrogó a una cantidad importante de testigos con el mismo cuestionario, incluidas preguntas sobre acciones fraudulentas contra el monarca y los compañeros, a quienes debió repartir riquezas como era obligado. Los juicios de residencia incluían la respuesta del investigado ante la Real Audiencia para defenderse de los cargos hallados: una fe del contador de la Nueva España para declarar lo que Pedro de Alvarado fundió en oro para beneficio propio. Se encontró que, en diversas ocasiones, ya siendo capitán en lo que hoy es Veracruz, al entrar por primera vez a Tenochtitlán, o ser alcalde de la Ciudad de México, llevó a cabo actos que podrían ser considerados corruptos, en los que abusó del poder conferido por la monarquía peninsular al hacerse de oro, plumajes y cacao, entre otras cosas de valor, sin entregar la parte correspondiente de manera legal al rey. De este tipo de fraudes a la Corona se documentaron varios, que sumaban muchos miles de pesos en oro.

Como el caso de Alvarado, se tienen documentos que nos recuerdan cómo eran estos procesos y la importancia que tenía en ellos el componente de corrupción, el abuso y el mal uso del poder público otorgado a representantes de la Corona. Presento uno más para ampliar la imagen que poco a poco se ha venido reconstruyendo de dicho periodo, donde la corrupción no era un fenómeno aislado, excepcional, ni las motivaciones eran preminentemente individuales. Sucedía al contrario, pues existía una dinámica consuetudinaria, susceptible de ampliarse y agravarse; esto conllevaba la complicidad de una cantidad importante de funcionarios públicos que aprovecharon su espacio de poder para beneficio personal y de grupo.

Apenas iniciado el siglo XVIII, durante el gobierno de la casa de Borbón con Felipe V, quien había accedido a los tronos de Castilla y Aragón en 1700, fue designado como trigésimo cuarto virrey de la Nueva España Francisco Fernández de la Cueva Enríquez, marqués de Cuéllar, duque de Albuquerque y Grande de España. Su periodo fue uno de los más corruptos de la historia de más de tres siglos del virreinato:

> A principios del siglo había una serie impresionante de pruebas de corrupción en todas las esferas. Así tenemos el caso del virrey Albuquerque, que negoció prácticamente con todo lo que se podía, participando en el contrabando, interviniendo en el abasto de granos, vendiendo alcaldías mayores, colocando un enorme número de criados en puestos administrativos, etc. Y aunque la residencia le declaró por libre y como buen funcionario, la Corona se vio obligada a exigirle una multa de millón y medio de pesos, suma que después se rebajó a 700 000.[34]

Christoph Rosenmüller escribió un libro sobre él, y analiza en un capítulo completo uno de los fenómenos más socorridos, que podemos vincular con la corrupción: el patronazgo y el clientelismo. Los virreyes tenían potestad para nombrar a los alcaldes mayores o corregidores; Albuquerque, como ya mencionamos, fue pródigo en la designación de sus criados a estos puestos de alta burocracia de la Nueva España. Como explica Rosenmüller, esta estructura de corregidores era fundamental para el impulso de las diversas formas de corrupción. El salario de estos puestos no representaba un monto especialmente atractivo para los candidatos, se les ofrecía una anualidad de entre 100 y 600 pesos;[35] la compensación fue reduciéndose entre 1699 y 1717, hasta que prácticamente no recibían dinero del fisco. Sin embargo, el atractivo residía en que era sencillo llevar a cabo actividades ilegales en beneficio privado y en perjuicio de la Corona. Rosenmüller dice que aun cuando no había remuneración oficial, los funcionarios se mantenían en sus encargos "para ganar mucho más malversando recursos de la Corona y a través del repartimiento de mercancías, el comercio ilegal pero tolerado por los indios".[36]

Gran parte de la vida de la Nueva España bajo los Habsburgo y los Borbón transcurrió inmersa en una distancia insalvable entre las leyes, las instituciones y el ejercicio del poder por parte de virreyes, alcaldes, gobernadores y demás burócratas de la Corona; cada uno de ellos tenía un coto de poder discrecional en las regiones de su jurisdicción, no muy diferente a los gobernadores hoy en día. Quizá en aquellos tiempos este tipo de conflicto se entendía solamente como un problema de carácter político sin consecuencias como las que han impactado en la sociedad mexicana de nuestros días.

La Nueva España es uno de los primeros ejemplos de un Estado moderno creado como tal desde su fundación. Desde cero, se ideó un sistema burocrático y jerárquico diferente al sistema feudal, que es el antecedente primigenio de los Estados como los conocemos actualmente. Sin duda, las diferencias y distancias culturales, políticas e idiosincráticas con la época contemporánea están ahí; la compra de cargos públicos y la costumbre legal de dar presentes a funcionarios para verse favorecido en uno u otro asunto de carácter público eran vistas de manera diferente que ahora. Sin embargo, lo que vemos con el paso del tiempo es la sofisticación con que las estructuras burocráticas crean mecanismos fuera de la ley para favorecer a los funcionarios de manera privada. La exacerbación de la corrupción es una de las causas de que la Corona endureciera sus leyes y la administración de sus territorios trasatlánticos. Las reformas borbónicas son la primera muestra visible de la instrumentación de la política del gatopardismo en México. El efecto de esto llegaría al siglo XIX, durante y después de los sucesos que devienen en la independencia de México.

EL SIGLO XIX

En su artículo "The Mexican Declaration of Independence",[37] Josefina Zoraida Vázquez bosqueja un sucinto pero muy preciso recuento de los demás factores que contribuyeron al descontento de la sociedad de la Nueva España con las decisiones borbónicas y que derivó en la independencia de México. Como comenté, las reformas borbónicas se dieron a mediados del siglo XVIII, iniciando con la expulsión de los jesuitas. Siguieron cambios como nuevos impuestos y monopolios estatales, la eliminación de privilegios a grupos corporativos y a la Iglesia; y sobre todo, la apertura al comercio al interior del imperio, la creación de un nuevo orden territorial con la instauración de las intendencias y la sustitución de la antigua burocracia por una más eficiente, que se encargó de la Real Hacienda y la recaudación de impuestos. El efecto de estas transformaciones fue la virtual pérdida de autonomía de la Nueva España con respecto a la metrópoli. En este sentido, la burocracia perdía capacidades, incluida aquella discrecional de la corrupción. Los criollos perdieron la posibilidad de ascender en los escalafones del poder y la toma de decisiones derivado de la orden de José de Gálvez, enviado de la Corona para implementar las reformas deseadas. Estos pidieron al rey Carlos III, en 1771, que reconsiderara las acciones en detrimento de los españoles nacidos en México, a través de diversos argumentos tanto de orden teórico como práctico; uno muy relevante fue que "están mejor informados sobre el territorio y sus condiciones, y como habitantes de la Nueva España, su servicio podría no solo ahorrar los costos elevados de traer españoles, sino que prevendría la corrupción, ya que ellos [los criollos] no están ávidos de hacerse con una fortuna en pocos años como los españoles".[38]

Pero la corrupción encontró nuevos derroteros, protagonistas más conspicuos y oscuros, quizá con ambiciones menos frívolas, pero igualmente escandalosas.

En 1810, un grupo de conspiradores contra la Corona española, liderados por Ignacio Allende, un militar; por un cura, Miguel Hidalgo; una corregidora y su esposo, además de Mariano Abasolo y Juan Aldama, militares también, comenzó una guerra que duraría más de una década entre los insurgentes y el Ejército Realista. Del otro lado de la conjura y del proyecto independentista se encontraba, entre muchos defensores de la Corona, el hoy infame Agustín de Iturbide.

(El cura Hidalgo e Iturbide tenían una relación de parentesco y vivían a no mucha distancia entre sí. Don Miguel invitó al joven militar a unirse a la revuelta nombrándolo general, pero este nunca aceptó. Sería, por el contrario, uno de los más exitosos estrategas combatiendo a los insurgentes.)

Durante los seis años posteriores al estallido de la revuelta, Iturbide fue mostrando sus habilidades como estratega militar, defendiendo los intereses de la Corona en el ejército realista. Aun cuando fue derrotado frente al ejército del cura de Dolores, siempre demostró gran destreza y liderazgo, lo que lo llevó a ganar casi todas sus batallas subsecuentes. Llegó a ser nombrado general a cargo de las fuerzas de Guanajuato y Michoacán. No obstante, después de 1816, cuando el traqueteo de la guerra aminoró y fue denunciado por actos violentos y extorsión, y desterrado, la biografía de quien años más tarde se autoproclamaría Agustín I, primer emperador del México independiente, tomó un camino oscuro. En ese año de 1816, Iturbide fue condenado y luego absuelto de los delitos de malversación de fondos y abuso de autoridad; por decisión propia se mantuvo alejado del ejército por los siguientes cuatro años.

Enrique Krauze dice de él que fue despilfarrador, desidioso, descuidado y que "hizo negocios turbios en sus años de general invicto".[39] También se cuenta que cometió actos de corrupción que lo llevaron a acumular riquezas por negocios monopólicos en los territorios que controlaba.

El periodo entre 1821 y la Reforma liberal de 1857 estuvo marcado principalmente por dos personalidades muy polémicas que sin duda se vieron envueltas en casos de corrupción. Además de Iturbide, Antonio López de Santa Anna ha sido señalado por la historia como villano. Enrique Krauze tiene algo de razón cuando asegura que "Iturbide hizo negocios turbios en sus años de general invicto, Santa Anna tuvo haciendas en México y Colombia, pero ambos fueron despilfarradores, desidiosos, descuidados. Buscaban menos el poder que el amor de sus compatriotas. Soñaban con guirnaldas de oliva y un sepulcro de honor. El dinero no estaba en su horizonte práctico ni axiológico. Además, de haber querido enriquecerse, el erario pobre se los hubiera impedido". Tiene algo de razón, porque para las postrimerías de la guerra de independencia y los primeros y escasos meses del Imperio mexicano, el país se encontraba en bancarrota. El sistema político en general se encontraba en una crisis institucional severa: con disoluciones y reposiciones del Congreso, pleitos casados entre el emperador y los legisladores, inquinas y conjuras. La economía vivía, sin duda, momentos muy difíciles. El régimen había transitado de la Real Hacienda a la Hacienda federal, cambio caracterizado por pasar de un erario excedentario a uno deficitario. Las finanzas de esta etapa, bajo el mando único de Iturbide, habrían legado tres precedentes fiscales que, a ojos de la historiadora Barbara A. Tenenbaum, impactarían de manera negativa en el México del siglo xix:

1) "...la firme negativa de las élites durante el primer federalismo a pagar impuestos adicionales a los existentes en 1821." Este elemento, aunado a otros, llevó a que la Hacienda federal se encontrara en bancarrota para 1823, con una deuda interna para entonces de más de 46 millones de pesos.

2) "La relación perniciosa entre gasto militar e inestabilidad interna hacía que las penurias del erario acabasen generando rebeliones militares, lo que agravaba el problema del déficit fiscal." Derivado de la guerra de independencia y de los temores de invasiones extranjeras para apoderarse de un territorio recientemente autónomo de Europa, el principal rubro en el ejercicio del gasto del Estado era el militar, con porcentajes de 50% a 80% del total ejercido, seguido por erogaciones de la administración pública y el pago de la deuda (en proporciones muy menores).

3) "...el carácter ensimismado del debate mexicano acerca de los problemas fiscales en México se centró de manera predominantemente en el control de los gastos, considerados excesivos, y no en los insuficientes ingresos como un problema estructural de la Hacienda federal." Este debate, que a la larga puede llegar a ser pernicioso, permitió que la deuda interna creciera de manera exponencial siguiendo la lógica e inercia del anterior régimen de la monarquía española. En este contexto, la necesidad de allegarse recursos para cubrir lo mínimo indispensable del erario permitió el auge de los agiotistas, quienes tuvieron su esplendor entre los años del Imperio y los inicios de la Reforma liberal.

Como vemos, la situación de bancarrota del Estado mexicano era incuestionable, lo que podría hacernos pensar que tanto Iturbide como Santa Anna no hayan sido pródigos en el uso de recursos públicos que, en efecto, no abundaban. Sin embargo, sus biografías ofrecen datos acerca de que ejercían la corrupción de múltiples formas, más allá de las que implicaba necesariamente el uso ilegítimo del presupuesto.

La caída del primer Imperio mexicano en 1824 fue también el encumbramiento de Antonio López de Santa Anna, quien durante las décadas siguientes sería uno de los personajes imprescindibles de la historia de México. Fue presidente en 11 ocasiones, de manera intermitente, entre 1833 y 1855; en conjunto, gobernó al país durante seis años. Nacido en Xalapa, Veracruz, en la Nueva España de fines del siglo XVIII, se benefició del poder para hacer arreglos y favores, ejercer el nepotismo y permitir y azuzar el contrabando. Como en aquellos tiempos se comenzaba a construir el México moderno, el terreno era fértil para los negocios. Además, el gobierno tenía en sus manos la decisión sobre prácticamente todo: de ahí que vemos a Santa Anna repartir tierras, adjudicar concesiones, regalar dinero, ajeno a un claro conflicto de interés.

El grueso de las monografías de la época y los maestros de primaria dibujan a un hombre traidor, tirano e incompetente, capaz de perder la guerra con Estados Unidos de manera alevosa (o tomar una siesta en San Jacinto para ser asaltado por los texanos) a cambio de dólares, o de vender un enorme trozo del territorio mexicano al mismo Estados Unidos con el Tratado de La Mesilla: "su firma relacionándose con transacciones corruptas y perjudiciales".[40]

Más allá de los mitos sobre el terrible daño que este personaje asestó a México, es posible afirmar que, en gran medida, se apropió de la Hacienda nacional para ampliar su red de leales, favorecer a sus allegados y sumar dinero a sus arcas. Para 1844, "la extraordinaria fortuna amasada por Santa Anna [...] apestaba a corrupción".[41]

Pero no era el único, solo el más sobresaliente y famoso de los militares mexicanos con las mismas mañas y vicios. Will Fowler dice que "su corrupción personal y supuesta falta de principios se diferenciaba muy poco de otros tantos generales y políticos exitosos".[42]

La primera gran transformación de la vida pública de México fue la Independencia, que tuvo su origen en diversos factores. Uno de ellos, como ya vimos, giró alrededor de saber quién detentaría el dominio real del gobierno nacional —virreinal— y los municipales, regionales y locales; de ello dependería gran parte de la capacidad para utilizar ese poder en beneficio propio, principalmente por medio de la incursión en el ámbito comercial desde una posición de privilegio. Por eso se sustituyó a los burócratas de siempre en el virreinato por intendentes centralizadores del poder; por eso se desató una ola separatista para deshacer la trama de los intendentes y que los criollos ganaran mejores espacios de mando, siempre con el argumento de ambos lados de resolver los vicios de la discrecionalidad y el abuso de autoridad. Al final de cuentas, fue en gran medida —y concentrándonos solo en lo que concierne a la corrupción y sus costumbres— un cambio de élites, con la ventaja de tenerlo para beneficio privado o de grupo. Perdieron unos por su talante corrupto, y ganaron otros por su lucha anticorrupción. Sin embargo, aquellos que ganaron no desmantelaron ese mismo sistema, sino que se montaron en él para beneficiarse de sus prerrogativas.

Antonio López de Santa Anna incurrió en sobornos, intercambio de favores, nepotismo, favoritismo y malversación de recursos públicos; llevó a cabo un enriquecimiento ilícito a costa del erario y con decisiones en beneficio propio y no del pueblo. Lo han llamado vendepatrias, traidor, y lo han vilipendiado de tal forma que figura entre los principales personajes infames de nuestra historia junto con Hernán Cortés y Porfirio Díaz.

En gran medida, utilizó su poder como presidente para beneficiar a sus amigos más cercanos, empresarios y militares. Permitió la corrupción en las aduanas y alentó el contrabando de mercancías. Fue discrecional en las reglas para el pago de impuestos y para la importación de productos prohibidos —como el algodón—, con lo que favoreció a algunas empresas cercanas. Utilizó su investidura para construir monopolios y oligopolios en sectores productivos fundamentales, como la minería y los ferrocarriles. Entregó concesiones exclusivas para la explotación de guano y minas de carbón y azufre a cambio de contribuciones monetarias al gobierno.

Al ministro Manuel Díez de Bonilla "le otorgó la concesión de 15 buques de vapor que navegaban las lagunas y acequias del valle de México. En agradecimiento, uno de los vapores llevaba el nombre *General Santa Anna*".[43] La producción de tabaco también fue entregada a cambio de cuotas y favores. "Santa Anna favoreció a su yerno Carlos Maillard, a Enrique de Zavala y Eduardo L. Plumb con la concesión del derecho exclusivo en la explotación de todas las minas de carbón mineral y de fierro por 50 años, con la obligación de pagar un peso por cada tonelada de carbón."[44]

Años después del conflicto entre estamentos, resultado de las reformas borbónicas, y tras el reacomodo social, producto de la independencia de México, aparece un político, un militar, inclinado a ejercer el poder para beneficio personal a través de favoritismos, conflictos de interés y nepotismo.

EL SIGLO XX

Me atrevo a aseverar que el periodo de la Reforma liberal, desde 1856 hasta 1867, fue un oasis de la mayor honestidad posible. Una generación de burócratas patriotas, como Benito Juárez o El Nigromante, que reconstruyeron la idea del servicio público y rompieron con una dinámica de abuso que llevaba siglos perpetuándose. A la muerte de Juárez y con la presidencia de Porfirio Díaz, la corrupción poco a poco volvió a generalizarse.

Un ejemplo no muy conocido, pero valioso para entender la permisividad hacia la corrupción en el periodo conocido como el porfiriato, es el de Higinio Aguilar, un contrarrevolucionario que vivió la mayor parte de su vida militar al amparo del gobierno de Díaz. Fue corrupto e indisciplinado; aun así, fue tolerado por el presidente. En alguna ocasión, cuando se le puso a cargo de la administración de Cuernavaca, cometió fraude e incluso robó a un retrasado mental.[45] Lo encarcelaron por más de un año —no era la primera vez—, y fue gracias a Díaz que termina su purga y regresa a las altas esferas militares para prestar sus servicios como general. Esto a principios del siglo XX, previo al inicio de la Revolución.

La Revolución mexicana significó la primera revuelta socialista contemporánea; banderas de democracia y justicia social estuvieron a la vanguardia en todo momento. Con la rebelión a favor de los derechos sociales, el siglo XX comienza con la gran transformación del siglo. El dictador Díaz es echado del país y exiliado en Francia mientras una nueva clase política se erige. Unos caen, otros suben, pero de casi toda la generación revolucionaria se dice algo en cuanto a la corrupción. Incluso durante el corto periodo presidencial de Madero, los periódicos de la época denunciaban los actos de venalidad de Gustavo, hermano del mandatario, quien habría utilizado recursos públicos para renovar su casa y asuntos similares.

La cultura popular consigna el legado de corrupción de los principales próceres. En los dichos hay mucho de verdad: durante la época se acuñó el verbo *carrancear* en "honor" del artífice de la Constitución de 1917. A su grupo se le conocía como "los consusuñalistas", por su propensión al peculado. De todos es conocida la frase "Nadie aguanta un cañonazo de 50 mil pesos", atribuida a Álvaro Obregón, presidente de México y creador del partido que dominó por más de 70 años el panorama electoral del país. Ejemplos así abundan en el imaginario cultural mexicano. La Revolución fue todo menos un acto de contrición por la corrupción rampante en México.

Los hijos de la Revolución, para continuar con la tradición familiar, engendraron la corrupción como la vivimos actualmente. Miguel Alemán, autoproclamado como el "cachorro de la Revolución", fue el creador de la abusiva burocracia moderna. Presidente de México de 1946 a 1952, confundió el poder político con el económico, con el resultado de que fue durante su gestión que se aceleró el proceso de industrialización del país al dar rienda suelta a "privatizaciones" a discreción. "En este proceso, fue evidente el fortalecimiento de una élite empresarial, que no solo destacó por su crecimiento económico, sino también por la inclusión en el gabinete presidencial de algunos de sus miembros."[46] Entregó negocios a amigos oportunistas, a quienes el vulgo llamaría "los tanprontistas", porque al obtener poder de inmediato se dedicaban a robar. En el sector energético creó empresas que más tarde se convertían de manera instantánea en contratistas de Petróleos Mexicanos (Pemex), chupando todo el dinero que podían. Sin lugar a duda, con su administración nació el nuevo corrupto: el de cuello blanco. Hoy en día seguimos viendo estrategias de abuso de poder como las que instauró Alemán, ufano de la industrialización. A ese periodo se le estigmatizó como el "festín burocrático".

Miguel Alemán terminó su sexenio con una reputación de corrupto y corruptor sin precedentes. Los medios de comunicación, los ciudadanos, los políticos en el Congreso, recriminaron a tal punto los excesos del presidente y sus amigos que le fue imposible nombrar como sucesor a su candidato ideal, Fernando Casas Alemán, por lo que tuvo que inclinarse por el secretario de Gobernación, Adolfo Ruiz Cortines, hombre honesto y austero, quien debió construir una campaña anticorrupción porque la legitimidad del gobierno frente a los ciudadanos se encontraba erosionada. Ruiz Cortines conformó una estrategia para asumir una lucha frontal y decidida contra los excesos de Alemán y sus huestes; pero, por desgracia, terminó manteniendo las cosas como estaban. Como señala Sara Luna Elizarrarás,

la "campaña" fue principalmente una estrategia simbólica, ya que apuntaba más a transformar la imagen presidencial que a poner un coto real a la práctica de enriquecerse. Esto quedó evidenciado al instrumentarse como la principal medida de la "campaña" una modificación superficial de la ya existente Ley de Responsabilidades de los Funcionarios y Empleados de la Federación, del Distrito y Territorios Federales, y de los Altos Funcionarios de los Estados. Las modificaciones propuestas en la iniciativa presidencial tenían un alcance mínimo para sancionar a los enriquecidos alemanistas o contener nuevos casos de ostentoso enriquecimiento ilícito.[47]

Una vez en la presidencia, Ruiz Cortines abrió un periodo para que todos los servidores públicos presentaran su declaración patrimonial, como estipulaba la reforma a la ley que propuso al Congreso. Al finalizar el plazo, apenas un tercio la había presentado.

La corrupción pasó el tamiz de la simulación priista. Los abusos de poder continuaron. Como escribió en 1977 Heberto Castillo: "Pese a todo, las cosas con don Adolfo [Ruiz Cortines], el viejo, no fueron mejores, solo hubo un poco de discreción para enriquecerse ilícitamente, aunque no tanta como para que los funcionarios de aquel gobierno pudieran ocultar la riqueza mal habida".[48]

Con Adolfo López Mateos, la corrupción creció y se consolidó su institucionalización. De ahí en adelante, la carrera del siglo XX fue para ver quién se enriquecía más: Gustavo Díaz Ordaz, Luis Echeverría, José López Portillo... Y de nueva cuenta los simulacros de cambio: la campaña de "Renovación moral" de Miguel de la Madrid Hurtado para ser presidente de México en 1982 solo tuvo como consecuencia el sexenio de Carlos Salinas de Gortari, donde el nepotismo y la prevaricación unieron fuerzas en manos de su hermano Raúl, quien desde puestos claves del gobierno se hizo de una enorme fortuna debido a actos de corrupción y peculado. El siglo XX terminó como empezó, como el siglo de la corrupción institucionalizada.

2

Entender la corrupción moderna: conceptos y derivaciones

La corrupción es una plaga insidiosa que tiene un amplio
espectro de consecuencias corrosivas para la sociedad.
Socava la democracia y el Estado de derecho, da pie a
violaciones de derechos humanos, distorsiona los mercados,
menoscaba la calidad de vida y permite el florecimiento de
la delincuencia organizada, el terrorismo y otras amenazas
a la seguridad pública.
Convención de las Naciones Unidas
Contra la Corrupción (uncac)

La corrupción puede ser definida de dos maneras que, en última instancia, pueden ser pensadas como complementarias si se quiere entender la dimensión del problema al que se enfrenta el mundo entero. Hacerlo así será saludable para las democracias que aspiran a ser sustantivas más allá de garantizar procesos electorales justos y equitativos, principalmente porque la corrupción, en sentido lato, afecta el pleno ejercicio de los derechos humanos.

En el prefacio de la Convención de las Naciones Unidas Contra la Corrupción (uncac, por sus siglas en inglés), este problema se considera una "plaga". La corrupción es un mal, es contagioso y, además, se ha convertido en algo que escala en peligro para el bien de la humanidad. Por lo tanto, tiene "efectos corrosivos" en diferentes ámbitos de las sociedades, incluidos los derechos humanos. Para México, como para otras economías similares, esta enfermedad tiene consecuencias aún más acentuadas. Como bien dice la propia UNCAC,

> este fenómeno maligno se da en todos los países —grandes, pequeños, ricos y pobres—, pero sus efectos son especialmente devastadores en el mundo en desarrollo. La corrupción afecta infinitamente más a los pobres porque desvía los fondos destinados al desarrollo, socava la capacidad de los gobiernos de ofrecer servicios básicos, alimenta la desigualdad y la injusticia y desalienta la inversión y las ayudas extranjeras. La corrupción es un factor clave del bajo rendimiento y un obstáculo muy importante para el alivio de la pobreza y el desarrollo.[1]

LAS DOS NOCIONES DE CORRUPCIÓN

El concepto de corrupción ha transitado de diversas maneras a lo largo del tiempo. La forma en que se le ha dotado de significado en gran medida se debe a las circunstancias e idiosincrasias particulares de cada tiempo. Se le puede rastrear desde la Antigüedad clásica hasta la actualidad, pasando por visiones de ella durante la Edad Media, el Renacimiento y la Era Moderna temprana (a finales del feudalismo y principios del Estado moderno).

Según Leslie Holmes, una primera noción de corrupción surge en un sentido tradicional, dado que "hace referencia a la impureza moral; la palabra misma deriva del verbo latino que, dependiendo del contexto, significa arruinar, contaminar, maltratar o destruir".[2] Vayamos un poco más allá. Primero los griegos.

Aristóteles es uno de los principales filósofos de la época clásica de Grecia: escribió sobre prácticamente todo y construyó, hace más de 2 mil años, los pilares del pensamiento moderno. Dos libros canónicos de su autoría tienen que ver con las sociedades: la *Política* y la *Ética a Nicómaco*. Ambos se complementan. El primero habla de la *polis,* la ciudad, y el segundo, sobre el ser humano en lo individual.

En los dos tratados hay un guiño sobre el impacto negativo de la corrupción, cuando se presenta la idea de ciudad como un espacio ideal para que un individuo tenga una buena vida.

Según Aristóteles, la buena vida de un ser humano es contraria a la vida corrupta: "Y vivir pertenece por sí mismo a las cosas buenas y placenteras —porque es definido y lo definido pertenece a la naturaleza del bien, y lo que es bueno por naturaleza también lo es para el hombre virtuoso, por lo que parece que es agradable para todos—. Y no se debe tomar como argumento una vida de perversión y corrupción ni tampoco envuelta en dolor —porque tal vida es indefinida lo mismo que sus atributos".[3]

Como se observa, en la *Ética a Nicómaco*, que junto con *Magna moralia* y *Ética a Eudemo* forman los tres textos en que el filósofo discurre sobre la ética, el autor habla del individuo en su esencia de cuerpo y alma. Este vive una buena vida cuando encaja con lo bueno por naturaleza, lo que no sucede cuando la vida está corrompida. De ahí que podamos concluir que la corrupción —aun cuando resuene un tanto abstracto en Aristóteles— es un obstáculo o una desviación para la persona en busca de la virtud. La corrupción es, en sí misma, una enfermedad que previene de vivir la vida buena.

En el caso de la *Política*, comienza definiendo ciertas premisas que deben seguirse con respecto a la discusión sobre la *polis*. Una de ellas es que el autor tiene en mente a un tipo particular de individuo, uno no corrompido —similar al que refiere en la *Ética a Nicómaco*—:

> El ser vivo está constituido, en primer lugar, de alma y cuerpo, de los cuales uno manda por naturaleza y el otro es mandado. Pero hay que estudiar lo natural, con preferencia, en los seres conformes a su naturaleza y no en los corrompidos. Por eso hay que observar al hombre que está mejor dispuesto en cuerpo y en alma, en el cual esto resulta evidente. Ya que en los malvados o de comportamiento malvado, el

cuerpo parece muchas veces mandar en el alma, por su disposición vil y contra naturaleza.[4]

Como se observa, para él la corrupción no es natural, pero sí malvada. Es mala en esencia. Por ello, su pretensión es hablar del individuo no corrupto, aquel que en las cuestiones políticas se comporta de manera inteligente y racional: "Es posible entonces, como decimos, observar en el ser vivo el dominio señorial y el político, pues el alma ejerce sobre el cuerpo un dominio señorial, y la inteligencia sobre el apetito un dominio político y regio".[5]

Sobre la misma línea argumentativa, el filósofo de Estagira, nacido en 385 a. e. c., discurre sobre las diferentes formas de gobierno que una comunidad política, la *polis,* puede tener. En cada una existe un buen y un mal gobierno. Una de las características —que resulta importante destacar para los propósitos de este libro— que diferencian a un gobierno bueno de uno malo es, precisamente, la corrupción. Los buenos gobiernos son virtuosos, en tanto que los malos son corruptos.

Llamado "el padre de la ciencia política", el filósofo Nicolás Maquiavelo, quien vivió entre los siglos xv y xvi —justamente en la época en que comenzó a florecer el Estado moderno—, establece una noción de corrupción que de algún modo extrae de las lecciones que le dejó el Imperio romano y sus propias especulaciones sobre el carácter del individuo y del Estado. También, valga la aportación, era una época de decadencia en Italia.

Para Maquiavelo la corrupción no era como la conocemos actualmente, y que de manera muy sucinta está vinculada con la venta del poder público. De la misma forma, tampoco reconoce la teoría aristotélica de que existen buenos y malos gobiernos, pues, como señala Scott. B. Ritner, para él los gobiernos son buenos y malos.[6] En este sentido, la corrupción no es, pues, un asunto ético o moral.

Maquiavelo menciona el término *corrupción* en contraposición a la virtud. Ambos son conceptos fundamentales en su teoría política, junto con la fortuna. El fin de la filosofía maquiavélica es el surgimiento y mantenimiento del Estado; la fortuna, cuando es desfavorable, pone en riesgo su continuidad: "Hambruna, inundaciones, fuego, enfermedad y otras opciones se encuentran entre la fortuna que puede debilitar o destruir los Estados".[7] Sin embargo, continúa Ritner, "la mayor amenaza para el mantenimiento de un Estado perdurable es la corrupción".[8] La corrupción como impedimento de la virtud, y apoyo de la fortuna.[9]

A diferencia de la fortuna, tanto la virtud como la corrupción son condiciones dadas, nunca fuerzas exógenas. Los individuos y los Estados están sujetos a un huracán, debido a la fortuna, pero tanto la virtud como la corrupción son aprendidas y, en su caso, utilizadas como herramientas.[10]

En la actualidad, a diferencia de lo enunciado por Aristóteles o Maquiavelo, se tiene por aceptada una cierta concepción de la corrupción a partir del ejercicio público y su abuso para satisfacer intereses privados. Aun así, existe una multiplicidad de matices entre quienes la definen. Proviene, como se dijo antes, de la creación del Estado moderno en los siglos XVIII y XIX. En el XX —con mayor debate y reflexión a partir de la década de 1960— se ha construido esta noción, la del abuso en el ejercicio público, que cada vez es más clara y parsimoniosa, ideal para vincularla a indicadores que permitan evaluarla.

El 31 de octubre de 2003, la Organización de las Naciones Unidas (ONU) toma una resolución en la que aprueba la Convención de las Naciones Unidas contra la Corrupción (UNCAC); sin embargo, este instrumento, vinculante para prácticamente todos los países del mundo, no define lo que significa corrupción. Para Leslie Holmes, esto obedece a dos argumentos principalmente.[11] El primero es de cierta manera sociológico: quienes redactaron el instrumento nunca pudieron llegar a un acuerdo sobre la redacción de una definición concreta. Por otro lado, aduce que esta omisión proviene de que Transparency International (TI), la organización de la sociedad civil más visible en el combate a la corrupción, utiliza dos concepciones y "no se decanta por ninguna". En el Índice de Percepción de la Corrupción (CPI), que publica anualmente, hasta 2012 define la corrupción como "el abuso de un cargo público para obtener una ganancia privada". En contextos distintos, sigue Holmes, la noción es la siguiente: "el abuso del poder confiado a alguien para obtener una ganancia privada". La diferencia esencial entre ambas es que en el caso de la primera se asume necesaria la participación de un funcionario del Estado, mientras que en la segunda es posible, además de la intervención de un burócrata, incluir a ejecutivos de empresas privadas o, en otros casos, advertir sobre la corrupción en el sector privado exclusivamente.[12]

El concepto que, con sus matices, predomina en el análisis contemporáneo de la corrupción proviene de una discusión que comienza de manera más sistemática en la década de 1960 y toma un cauce más extendido en las de 1980 y 1990, cuando precisamente organizaciones como Transparency International comienzan a operacionalizar el término. Por ejemplo, en 1967 el filósofo, economista y politólogo estadounidense Joseph Samuel Nye Jr. escribió en la prestigiosa revista académica *The American Political Science Review* un sugestivo ensayo titulado "Corruption and Political Development: A Cost-Benefit Analysis", el cual pretende, entre otros propósitos, desvestir del aura de moralidad a la corrupción y encontrar una definición que permita medirla. Aquí una cita de dicho análisis, con el que poco a poco se iría modelando la noción actual que nos interesa:

> Corrupción es una conducta que se desvía de las obligaciones formales del rol público por causa de ganancias privadas de estatus y monetarias

(personales, familiares, de grupo); o que viola las reglas en contra del ejercicio de ciertos tipos de influencia privada. Esto incluye conductas tales como el soborno (uso de una recompensa para pervertir el juicio de una persona en una posición de confianza); nepotismo (la concesión de patrocinio o apoyo por razones de relación de adscripción más que de mérito); y malversación (apropiación ilegal de recursos públicos para uso privado).[13]

Como se observa, en esencia es una definición que busca ser más estrecha que las establecidas en épocas anteriores, con la intención de volver medible el fenómeno, aunque con la salvedad de dejar a un lado su sentido lato. Más de 50 años después, la existente es muy parecida; es aún más parsimoniosa y constituye el objeto particular del estudio y las políticas contra la corrupción.

El acercamiento teórico que en el fondo subyace a esta definición, generalizada y aceptada en sus premisas y elementos esenciales, debatida en los matices y en las excepciones, proviene de la llamada *elección social* o *elección racional*. En particular, hablamos de la relación agente-principal. Es un concepto parsimonioso y, por lo tanto, más fácilmente identificable y mensurable. "El abuso del poder confiado para beneficio privado" parte de la relación entre dos individuos con diferentes funciones en el esquema de la toma de decisiones del ejercicio del poder. Como menciona Susan Rose-Ackerman, "esta definición captura el problema de agente-principal en la raíz de todos los tipos de corrupción política y económica: soborno, malversación, nepotismo, influyentismo, tráfico de influencias, conflicto de interés, fraude contable, fraude electoral, entre otros más".[14] Añado además la condición de "público" al "poder confiado" en la definición establecida líneas arriba.

La relación agente-principal es "el contrato en el que una o más personas (el/los principal/es) involucran a otra (el agente, en este caso) para desempeñar un servicio en su representación que implica delegar la autoridad para la toma de decisiones a dicho agente".[15] Esta relación es cotidiana y generalizable a todas las actividades de la vida. "Los empleadores contratan empleados, los dueños de casas contratan agentes de bienes raíces para vender su casa; los pacientes pagan a doctores para diagnosticar y curar sus enfermedades. En la arena política, los votantes eligen cargos públicos para representar sus intereses".[16] En México contamos con un sistema presidencialista en el que elegimos tanto al presidente como a diputados, senadores, gobernadores de las entidades que conforman la república junto con la jefatura de gobierno de la Ciudad de México, además de alcaldes, presidentes municipales, cabildos, entre otros. Los representantes populares designan a su vez a una burocracia para implementar las políticas públicas establecidas en planes y programas. La relación agente-principal conlleva problemas y puede derivar en corrupción porque el "principal" no está seguro de poder controlar las acciones del "agente", particularmente si no le asigna los incentivos correctos o no tiene la capacidad de monitorear eficientemente sus acciones. Sin embargo, los dos problemas de la relación agente-principal, como los describen Andrew Hindmoor y Brad Taylor al hablar de la teoría de Gordon Tullock —quien dedicó su carrera de economista a elaborar una de las más importantes teorías de la elección racional, la búsqueda de rentas y las fallas del gobierno—, son, por un lado, que "los principales normalmente tienen información incompleta; no pueden saber, o pueden averiguar a muy alto costo, si los agentes están actuando en la forma en la que ellos quieren que lo hagan";[17] por el otro, los agentes no necesariamente actúan a favor de los intereses del principal a no ser que sean inducidos a hacerlo; tienen conflictos de interés entre "eludir o perseguir sus preferencias personales de política pública".[18]

En este sentido, la corrupción puede ser definida por la siguiente ecuación:

$$C = R + D - A$$

donde:

C	equivale a corrupción;
R	equivale a renta económica;[19]
D	equivale a poderes discrecionales;
A	equivale a rendición de cuentas (*accountability*, en inglés).

Como vemos, el tamaño de la renta económica y su poder discrecional inciden en la corrupción, mientras que la rendición de cuentas afecta de manera negativa su incidencia. Esto implica que:

+ Cuando la renta económica del servidor público (burócrata) que detenta un poder confiado a él/ella es grande, se presenta la corrupción.
+ Cuando los poderes discrecionales del servidor público que detenta un poder confiado a él/ella son amplios, entonces hay corrupción.
+ A mayor rendición de cuentas existe menor probabilidad de corrupción.

De acuerdo con este pequeño modelo, un funcionario público no se inclinará por llevar a cabo un acto de corrupción si los poderes que detenta están constreñidos y si los mecanismos de transparencia y rendición de cuentas sobre sus decisiones son efectivos.

Bajo la lente de la opinión pública podemos también analizar lo que los mexicanos piensan con respecto a este problema lacerante para el país y, desde luego, para el mundo, a partir de ejercicios demoscópicos nacionales e internacionales, en específico, las encuestas e índices más recientes, así como las cifras más actualizadas del Instituto Nacional de Estadística y Geografía (Inegi).

En el marco del Día Internacional contra la Corrupción, en 2019, el Inegi publicó las más recientes cifras con que contaba. Las más relevantes:

Gravedad del problema de la corrupción	• El 56.7% de la población mayor de 18 años considera la corrupción como el tercer problema más importante que vive en su entidad federativa. • En 2011, 83% de la población pensaba que la corrupción era un fenómeno frecuente. Para 2017, el porcentaje ascendió a 91.1%
Experiencia con la corrupción	• En 2017, 14.6% de los mexicanos mayores de 18 años sufrieron algún acto de corrupción por parte de un servidor público.
Denuncia de actos de corrupción	• En 2017, 82.6% de las personas sujetas a algún acto de corrupción no denunciaron el delito.

Fuente: Inegi[20]

A nivel nacional contamos con cifras más recientes. El periódico *Reforma* y la asociación civil Mexicanos Contra la Corrupción y la Impunidad (MCCI) levantaron una encuesta con el tema específico de la corrupción en México; llevaron a cabo dos ediciones, una en 2019 y otra en 2020. Los principales resultados son:

Tendencia de la corrupción	• En 2019, 46% de los mexicanos pensaban que la corrupción había aumentado en ese último año. En 2020, esa cantidad creció a 53%. • En 2019, 23% de las personas pensaban que la corrupción aumentaría en los próximos 12 meses. En 2020, el porcentaje se incrementó a 43%.
Calificación del gobierno en combate a la corrupción	• En 2019, 70% calificaba positivamente al gobierno federal en su combate a la corrupción. En 2020, esa población descendió a 43%.
Frecuencia de la corrupción	• En 2019, 86% de los mexicanos pensaban que se llevaban a cabo actos de corrupción frecuente o muy frecuentemente. En 2020, esa cantidad aumentó a 90%.

Fuente: *Reforma*.[21]

A nivel internacional, los resultados del Índice de Percepción de la Corrupción 2019 (publicado en enero de 2020), elaborado por Transparency International, dejan claro que hay una percepción de los mexicanos de que vivimos en un país más corrupto que la mayoría. México ocupa el lugar 130 de 180 países por su nivel de corrupción; tiene una puntuación de 29/100, donde 1 es totalmente corrupto y 100 nada corrupto.

El Índice de Percepción de la Corrupción 2020 (publicado en 2021) mostró una mejoría tanto en el puntaje como en la posición de México en la clasificación entre países. Se ubicó en el lugar 124 de 180, con un puntaje de 31/100. Con este resultado, México se acerca a los niveles que tenía en 2016, cuando se encontraba en el lugar 123, o en 2015, cuando alcanzó 31 unidades sobre 100. Aun con la mejoría, México no recupera aún su mejor puntaje, el cual obtuvo en 2014: 35/100.

En la misma sintonía del Índice de Percepción de la Corrupción, otros indicadores globales y regionales muestran la fragilidad de nuestro país frente a la corrupción y el combate que aún sigue pendiente. Según la OCDE, de 37 países miembros, México es el peor evaluado por sus niveles de corrupción en integridad.

El World Justice Project, por su parte, colocó a nuestro país en el lugar 94 de 139 en su Índice de Estado de Derecho 2021.[22] Regionalmente, México se coloca en el lugar 27 de 32 países de América Latina y el Caribe.[23] Con respecto al factor dos de los ocho que mide el índice, relativo a la ausencia de corrupción en el gobierno, México se ubica en el lugar 135 de 139 países, solo por arriba de Uganda, Camerún, Camboya y la República Democrática del Congo.[24] Este factor considera tres tipos de corrupción: el soborno, la influencia inapropiada de intereses públicos y privados, y la malversación de fondos públicos u otros recursos.

La relación de los mexicanos con la corrupción es un debate aún abierto. Yo lo veo como una separación entre la corrupción como algo inmanente al mexicano —algo que le es dado—, o la corrupción como imposición —algo que le dan. Los mexicanos no son corruptos esencialmente, sino que experimentan la corrupción que el Estado gigantesco y poderoso les prescribe sin consentimiento necesariamente. Percibimos y experimentamos la corrupción en la vida diaria.

CLASIFICACIÓN DE LA CORRUPCIÓN

Transparency International clasifica la corrupción en tres grandes grupos: la gran corrupción, la pequeña corrupción y la corrupción política.[25]

La gran corrupción es el abuso de poder en las altas esferas, que beneficia a unos pocos a costa de muchos; esto resulta en perjuicios graves y generalizados para la sociedad. Muy a menudo este tipo de corrupción queda impune. Los casos de Odebrecht, la casa blanca de Enrique Peña Nieto, Amigos de Fox o las ligas de Bejarano e Ímaz son algunos ejemplos.

La pequeña corrupción consiste en el abuso cotidiano de poder por parte de funcionarios públicos de bajo y mediano rango al interactuar con ciudadanos comunes, quienes a menudo intentan acceder a bienes y servicios básicos como hospitales, escuelas, departamentos de policía y otros organismos. En esta clasificación encontramos actos como la solicitud de *mordidas* para cumplir un requisito administrativo o tramitar documentaciones como la licencia de conducir, un acta de nacimiento o un cambio de domicilio. También participa de esta definición el soborno o extorsión por parte de un policía a un ciudadano para eludir una multa administrativa por haber violado alguna norma de tránsito: pasarse un semáforo en rojo, tener vencido el engomado de la verificación ambiental o conducir en sentido contrario.

La corrupción política es la manipulación de políticas, instituciones y normas de procedimiento en la asignación de recursos y
financiamiento por parte de los responsables de las decisiones de
gobierno y administrativas, quienes abusan de su posición para conservar su poder, estatus y patrimonio. El uso de recursos públicos
para destinarlos a campañas electorales es un buen ejemplo de ello.
En la actualidad, los dos casos más visibles de dinero público utilizado por debajo de la mesa para financiar partidos y candidatos son
La estafa maestra y el de Alejandro Gutiérrez, exsecretario general
adjunto del Comité Ejecutivo Nacional del PRI, declarado culpable
de peculado por el desvío de casi 2 millones de pesos con fines, al
parecer, electorales.

Un caso particular de corrupción política que vale la pena
comentar se remonta a 2004, cuando el presidente de la Comisión
de Presupuesto y Cuenta Pública de la LVIII Legislatura de la Cámara de Diputados reasignó, de manera unilateral e ilegal, 30 millones
de pesos que el pleno había etiquetado a programas de salud para
mujeres; mediante un oficio, el diputado Pazos instruye reorientar el
dinero a la organización de Jorge Serrano Limón, denominada Pro-
Vida. Más tarde, diversas organizaciones de la sociedad civil documentaron, por medio de solicitudes de información bajo el esquema
de la entonces nueva Ley Federal de Transparencia y Acceso a la
Información Pública Gubernamental, el uso indebido de esos recursos por el propio Serrano Limón.

El Banco Mundial ha formulado, en la misma ruta, una distinción relevante para entender la corrupción y, en su caso, intervenir para erradicarla: la corrupción administrativa (burocrática) y la
captura del Estado. Sobre esta última, el Banco Mundial la define
como "los intentos de las empresas [privadas] para influir en la for-
mulación de las leyes, las políticas y la reglamentación del Estado a
cambio de pagos ilícitos —con carácter privado— a los funcionarios públicos".[26]

TIPOLOGÍA DE LA CORRUPCIÓN

La UNCAC incluye la definición de los tipos de corrupción que busca enfrentar. En la mayoría de los casos, la dinámica de agente-principal se determina en ambas vías: la acción corrupta del principal al agente y la del agente al principal.

Soborno a un funcionario público nacional[27]

El soborno es la promesa, el ofrecimiento o la concesión a un funcionario público, en forma directa o indirecta, de un beneficio indebido que redunde en su propio provecho o en el de otra persona o entidad, con el fin de que dicho funcionario actúe o se abstenga de actuar en el cumplimiento de sus funciones oficiales.

También se considera soborno la solicitud o aceptación por un funcionario público, en forma directa o indirecta, de un beneficio indebido que redunde en su propio provecho o en el de otra persona o entidad, con el fin de que dicho funcionario actúe o se abstenga de hacerlo en el cumplimiento de sus funciones oficiales.

Malversación o peculado

La malversación o peculado es la apropiación indebida u otras formas de desviación por un funcionario público, en beneficio propio o de terceros u otras entidades, de bienes, fondos o títulos públicos o privados o cualquier otra cosa de valor que se hayan confiado al funcionario en virtud de su cargo.

Tráfico de influencias

El tráfico de influencias es la promesa, el ofrecimiento o la concesión a un funcionario público o a cualquier otra persona, en forma directa o indirecta, de un beneficio indebido con el fin de que el funcionario público o la persona abuse de su influencia real o supuesta para obtener de una administración o autoridad del Estado parte de un beneficio indebido que redunde en provecho del instigador original del acto o de cualquier otra persona.

También se considera tráfico de influencias la solicitud o aceptación por un funcionario público o cualquier otra persona, en forma directa o indirecta, de un beneficio indebido que redunde en su provecho o el de otra persona con el fin de que el funcionario público o la persona abuse de su influencia real o supuesta para obtener de una administración o autoridad del Estado parte de un beneficio indebido.

Abuso de funciones

El abuso de funciones o del cargo es la realización u omisión de un acto, en violación de la ley, por parte de un funcionario público en el ejercicio de sus funciones con el fin de obtener un beneficio indebido para sí mismo o para otra persona o entidad.

Enriquecimiento ilícito

El enriquecimiento ilícito es el incremento significativo, cometido intencionalmente, del patrimonio de un funcionario público respecto de sus ingresos legítimos que no pueda ser razonablemente justificado.

Además de los conceptos establecidos en el marco jurídico de la ONU, existen actos ilícitos que de la misma manera están asociados con motivaciones corruptas, en el sentido de la definición aquí consignada:[28]

Colusión

La colusión representa un acuerdo secreto entre partes, en el sector público o privado, confabuladas para cometer actos con el fin de engañar o defraudar y así obtener una ventaja económica ilícita. Las partes involucradas reciben, bajo ciertas condiciones, el nombre de "cárteles".

Nepotismo

Es una forma de favoritismo, basada en conocidos y relaciones familiares, en la que alguien que detenta un cargo oficial explota su poder y autoridad para emplear o favorecer a un miembro de la familia o amigo, aun cuando no se encuentre calificado para desempeñar el puesto.

Clientelismo

Es un sistema inequitativo de intercambio de recursos y favores basado una relación de explotación entre un "patrón" poderoso o rico y un "cliente" más desfavorecido o débil.

Fraude

Es una forma de la trampa. Es el delito de engañar intencionalmente a alguien con el propósito de obtener una ventaja injusta o ilegal (financiera, política u otra). En varios países este delito se considera un crimen o una violación al código civil.

Conflicto de interés

Situación en la que un individuo o entidad que trabaja ya sea en el gobierno, en una empresa privada, un medio de comunicación o una organización de la sociedad civil se enfrenta al dilema de escoger entre las exigencias y deberes de su cargo o su interés particular.

Extorsión

Es el acto de utilizar, de manera directa o indirecta, el acceso que tiene uno a una posición de poder o conocimiento para exigir cooperación o compensación no merecida como resultado de una amenaza coercitiva.

Lavado de dinero

Es el proceso de escamotear el origen, propiedad o destino de dinero obtenido de manera ilegal o deshonesta mediante su ocultamiento dentro de actividades económicas legítimas para hacerlo aparecer legal.

MEDIR LA CORRUPCIÓN

Desde el profesor Nye en adelante se han buscado los mejores y más precisos métodos para medir la corrupción. De hecho, la misma definición que se establece tiene la pretensión de ser parsimoniosa y operacionalizable (es decir, medible). Desgraciadamente es un reto enorme, en particular porque no hay información suficiente para hacerlo. Los esfuerzos están ahí, y existen diferentes instrumentos de medición que hoy por hoy utilizamos para acercarnos a describir el fenómeno, el impacto que tiene y las formas de enfrentarla. Menciono tres bloques entre estos esfuerzos.

MEDICIÓN DE LA PERCEPCIÓN

Mediante encuestas de opinión a diferentes actores y poblaciones, organizaciones nacionales e internacionales miden el nivel de corrupción mediante la percepción de su incidencia. El ejercicio más emblemático y socorrido es el ya mencionado Índice de Percepción de la Corrupción que desde 1995 levanta y publica anualmente Transparency International. Al día de hoy evalúa la percepción de la corrupción en 180 países. El estudio por país lo lleva a cabo alguna organización local, que realiza las encuestas a una población muy particular: empresarios y expertos en la materia. La misma organización elabora y publica desde 2003 el Barómetro Global de Corrupción (Global Corruption Barometer, GCB), la encuesta con la más grande muestra a nivel mundial. Para el GCB 2019, Transparency International preguntó a 162 mil 137 adultos de 119 países, territorios y regiones, en un lapso de casi tres años, "sobre su experiencia directa personal frente al soborno en su vida diaria, la percepción que tienen de los retos en materia de corrupción en su país, y su propensión a actuar contra la corrupción".[29]

El Foro Económico Mundial (WEF, por sus siglas en inglés) ha elaborado, en la misma tesitura, el Informe Global de Competitividad, mientras que el Banco Mundial cuenta con la Encuesta sobre Clima de Negocios y Desempeño Empresarial.

Por su parte, el World Justice Project (WJP) ha generado el Rule of Law Index o Índice de estado de derecho, como una serie anual que mide el estado de derecho de un país basándose en las experiencias y percepciones de la gente en general y de abogados en cada país y expertos a nivel mundial.[30] La medición la lleva acabo para 139 países y jurisdicciones que proveen de puntuaciones y escalafones (rankings) en ocho factores, entre los cuales destaca el factor Ausencia de corrupción.

En México, el Inegi compila en un solo receptáculo información vinculada con la corrupción proveniente de varias encuestas y censos que lleva a cabo anualmente: la Encuesta Nacional de Calidad e Impacto Gubernamental (ENCIG), la Encuesta Nacional de Calidad Regulatoria e Impacto Gubernamental en las Empresas

(ENCRIGE), la Encuesta Nacional de Victimización de Empresas (ENVE), el Censo Nacional de Gobierno, Seguridad Pública y Sistema Penitenciario Estatales y el Censo Nacional de Gobiernos Municipales y Delegacionales. Con la agregación de datos de los diferentes instrumentos mnemotécnicos y censales, el Inegi extrae información tanto de la percepción de los ciudadanos sobre la corrupción como de la incidencia real de actos como el soborno en la población.

VALOR MONETARIO DE LA CORRUPCIÓN

Cotidianamente escuchamos o leemos en medios de comunicación que el Banco Mundial, el Foro Económico Mundial, el Fondo Monetario Internacional o la OCDE mencionan alguna cifra del valor monetario que se pierde como porcentaje del PIB, ya sea mundial, regional o por país, por la corrupción. Quizá este sea uno de los indicadores más dudosos para dimensionar el tamaño del fenómeno: se trata de estimaciones con una variación muy grande y que tienden a subestimar o sobrestimar el valor real.

MEDICIÓN DE LOS CAMBIOS INSTITUCIONALES

Como complemento a los indicadores arriba expuestos, una evaluación que en ocasiones se toma en cuenta para identificar la voluntad de los gobiernos en combatir la corrupción son los cambios —o reformas— institucionales, ya sea legales o de política pública, algo de lo que se encargan organizaciones supranacionales en la mayoría de los casos. Un ejemplo es el Reporte Anticorrupción de la Unión Europea de 2014, que cubre a los 28 miembros. La misma Unión Europea evalúa a los países que desean formar parte de ella, identificando las reformas que han llevado a cabo a fin de tener los méritos suficientes para acceder.

COROLARIO ACERCA DE LA NOCIÓN DE CORRUPCIÓN

Aquí hago un pequeño alto en el camino para redondear la idea de corrupción que pretendo utilizar como base para entender el efecto que tiene en México y su vinculación con las estrategias que el gatopardismo utiliza para mantenerla viva y, hasta ahora, sin visos de disminución aparente. El gobierno de Andrés Manuel López Obrador sin duda tiene en las manos la posibilidad de revertir esta aseveración.

Tomo la definición de Transparency International: *corrupción como el abuso del poder confiado a alguien, con lo cual pretende obtener una ganancia privada.* Como es una definición claramente asociada con la teoría de la elección racional, sin duda deja de lado los procesos históricos de una sociedad, sus parámetros culturales y pedagógicos, y asume que las decisiones son enteramente individuales, basadas en la maximización de una función de utilidad en la que los incentivos y los castigos juegan un papel fundamental.

La corrupción es un fenómeno multidimensional, y uso este concepto de manera transversal atendiendo a su diversas dimensiones: histórica (al rastrear su origen en la Colonia), cultural (identificando formas de pensamiento y opinión pública), institucional (analizando cambios en las reglas y en las agencias de gobierno) y coyuntural (pensando a detalle los puntos de inflexión que significan, por un lado, la transición democrática de 2000 y, por el otro, la victoria de la izquierda mexicana de la mano de López Obrador). De esta manera pretenderé no aislar al individuo en sus decisiones puramente económicas para corromperse, corromper y asumir al México corrupto. Quizá de esta manera podamos comprender por qué la corrupción no se combate de manera sistemática, sino que se profundiza con los cambios que no cambian absolutamente nada excepto las élites que la permiten y solapan.

Al hacer el análisis histórico y cultural de la corrupción vemos cómo efectivamente los Estados se pueden tambalear hasta la decadencia, carcomidos por individuos que han aprendido más a ser corruptos que virtuosos (Maquiavelo). De la misma manera, al preguntarnos sobre el mejor gobierno, el mejor régimen, no cabe duda de que es aquel en el que la corrupción no sea una barrera a la vida buena de la *polis* y de sus ciudadanos.

ALEGORÍA SOBRE EL USO DEL PODER PÚBLICO PARA BENEFICIO PRIVADO

La novela *The Power*, escrita por Naomi Alderman, contiene un epígrafe inicial, un fragmento del capítulo 8 del primer libro bíblico de Samuel. Aquí me permito transcribir todo el capítulo.

> Cuando Samuel entró en años, puso a sus hijos como gobernadores de Israel, con sede en Beerseba. El hijo mayor se llamaba Joel, y el segundo, Abías. Pero ninguno de los dos siguió el ejemplo de su padre, sino que ambos se dejaron guiar por la avaricia, aceptando sobornos y pervirtiendo la justicia.
>
> Por eso se reunieron los ancianos de Israel y fueron a Ramá para hablar con Samuel. Le dijeron: "Tú has envejecido ya, y tus hijos no siguen tu ejemplo. Mejor danos un rey que nos gobierne, como lo tienen todas las naciones".
>
> Cuando le dijeron que querían tener un rey, Samuel se disgustó. Entonces se puso a orar al Señor, pero el Señor le dijo: "Hazle caso al pueblo en todo lo que te diga. En realidad, no te han rechazado a ti, sino a mí, pues no quieren que yo reine sobre ellos. Te están tratando del mismo modo que me han tratado a mí desde el día en que los saqué de Egipto hasta hoy. Me han abandonado para servir a otros dioses. Así que hazles caso, pero adviérteles claramente de cómo el rey va a gobernarlos".
>
> Samuel comunicó entonces el mensaje del Señor a la gente que le estaba pidiendo un rey. Les explicó:

—Así es como el rey va a gobernarlos: les quitará a sus hijos para que se hagan cargo de los carros militares y de la caballería, y para que le abran paso al carro real. Los hará comandantes y capitanes, y los pondrá a labrar y a cosechar, y a fabricar armamentos y pertrechos. También les quitará a sus hijas para emplearlas como perfumistas, cocineras y panaderas. Se apoderará de sus mejores campos, viñedos y olivares, y se los dará a sus ministros, y a ustedes les exigirá una décima parte de sus cosechas y vendimias para entregársela a sus funcionarios y ministros. Además, les quitará sus criados y criadas, y sus mejores bueyes y asnos, de manera que trabajen para él. Les exigirá una décima parte de sus rebaños, y ustedes mismos le servirán como esclavos. Cuando llegue aquel día, clamarán por causa del rey que hayan escogido, pero el Señor no les responderá.

El pueblo, sin embargo, no le hizo caso a Samuel, sino que protestó:

—¡De ninguna manera! Queremos un rey que nos gobierne. Así seremos como las otras naciones, con un rey que nos gobierne y que marche al frente de nosotros cuando vayamos a la guerra.

Después de oír lo que el pueblo quería, Samuel se lo comunicó al Señor.

—Hazles caso —respondió el Señor—; dales un rey.

Entonces Samuel les dijo a los israelitas:

—¡Regresen a sus pueblos!

No me refiero al texto en su motivación religiosa; todo lo contrario. Extraigo del pasaje la idea del abuso del poder cuando se le confiere a alguien sin ningún tipo de contrapesos. Todas las manifestaciones del poder real son de algún modo actos de corrupción en cualquier régimen democrático.

Extraigo, en segundo orden, la experiencia del pueblo al llegar la última etapa de la existencia de Samuel: nombra a sus dos hijos para gobernar Israel porque él ya no puede continuar haciéndolo. Como el grupo de ancianos que van a hablar con él le exigen que instaure un rey porque Joel y Abías se han dedicado a recibir sobornos y a corromperse, Samuel trata de disuadirlos explicándoles lo que vendrá con el nuevo monarca. Aquellos no le escuchan y sin reflexión, sin reparo, le insisten en que nombre a un rey. Dios y Samuel convienen que así sea. Al final de cuentas no es difícil imaginar lo que sucedió una vez que este fue coronado: una vida de corrupción y abuso de poder para beneficio propio.

Segunda parte

EL GATOPARDISMO MEXICANO

3

Primer acto: 2000-2018

La corrupción es un mal epidémico del mundo contemporáneo, y México uno de los países más enfermos. En el Índice de Percepción de la Corrupción 2018, nuestro país se clasificó en el lugar 138 de un total de 180, con una puntuación de 28 puntos en una escala de 100. Se escucha dramático porque realmente lo es. No es un problema que dé lugar a ambages o a matices. El cáncer es severo.

Según cifras del Inegi, la corrupción es uno de los tres principales problemas en México; 56% de la población mayor a 18 años lo considera así.[1] Los resultados de las elecciones presidenciales de 2018 fueron en gran medida un "NO" al cínico abuso del poder público con fines personales. Por eso ejercieron el voto de castigo el 1 de julio de ese año contra el gobierno priista de Enrique Peña Nieto. Ocupan un lugar destacado entre las diversas razones el cúmulo de escándalos derivados de la deshonestidad: la casa blanca del presidente, la casa en Malinalco del secretario de Hacienda, el escándalo de Odebrecht y Pemex, el desvío de recursos públicos conocido como La estafa maestra, los ingentes gastos y comitivas en visitas a Reino Unido o Francia, el desvío de recursos de la administración chihuahuense a financiar campañas electorales, entre otros. Estos son los ejemplos más visibles de una estructura de corrupción que definió ese sexenio. Los gobernadores se mostraron como una panda de ladrones como hacía mucho tiempo no se veía, y casi parecía que se ufanaban de ello. La característica más palpable del régimen cleptocrático durante el periodo 2012-2018 fue su cariz escandaloso. Por descuido unas veces, y por vanidad otras, los representantes más egregios de la clase política se sirvieron con la cuchara grande sin ningún pudor y sin ningún recato.

Este libro quiere explicar, entre otras cosas, por qué el sexenio de Enrique Peña Nieto es tan solo el reflejo de una historia desgranada durante más de cuatro siglos de gobiernos corruptos y de una sociedad proclive a corromperse, junto con un obstinado gatopardismo que no cede. No quiero reducirlo todo a la reflexión de que el problema es solo cultural; al contrario, quiero examinar el fenómeno y rastrear en las entrañas de la economía, la sociedad, la historia, la percepción que tenemos de nosotros mismos. Quiero ver la corrupción como un problema más complejo.

La corrupción en México es un fenómeno que se remonta, como hemos visto, a la Colonia. Llevamos prácticamente toda nuestra historia conviviendo con ella. Sin duda, podríamos matizar y decir que hemos convivido con varios tipos de corrupción desde hace mucho tiempo. El problema es económico, político, cultural, racional; es esto y más. Es una anomalía multidimensional y cacofónica. Hay más ruido en ella que armonía. Es una suerte de rompecabezas con miles de piezas diminutas que van colocando a lo largo de los años las manos de diversos personajes —unos anónimos, otros famosos embusteros y otros más supuestos héroes patrios, auténticos hipócritas—, quienes aportaron un granito de arena a nuestra derrota secular contra la transa y el abuso.

El componente que ha permitido aceitar los engranajes de la corrupción sistémica ha sido su cualidad de gatopardo. Deformando a Juan José Arreola cuando habla del sapo en su *Bestiario,* viéndolo bien, el gatopardo mexicano es todo corrupción.

El rasgo que me parece más distintivo de la corrupción en México es que tiende a ser muy efectiva a la hora de combatir a sus detractores, de enfrentar a sus adversarios. La cleptocracia en México es muy inteligente (o listilla, como queramos ponerlo). La trama de la novela póstuma del italiano Giuseppe Tomasi, duque de Palma y príncipe de Lampedusa, titulada justamente *El gatopardo,* se sitúa en el periodo de transición de la aristocracia a la burguesía en la Italia de las últimas décadas del siglo XIX, partiendo de la época del desembarco de Garibaldi en Marsala: es la historia del príncipe siciliano Fabrizio de Salina y su familia, el cambio de régimen que transcurre y la decadencia de una era. En un pasaje, el príncipe, mientras se rasura la barba con mucho empeño, recibe la noticia de que su sobrino Tancredi se va del pueblo a unirse a la revolución de Garibaldi. Lo sabe de boca del propio Tancredi, feliz y emocionado por su decisión; satisfecho como un adulto por su sensatez e inteligencia. Es una escena donde se muestra a un joven maduro y sagaz, pragmático y listo, hablando con un hombre anticuado (el príncipe), incapaz de argumentar nada que no venga de su linaje aristocrático, precisamente en un tiempo donde todo eso está muriendo: "Estás loco, hijo mío. ¡Ir a mezclarte con esa gente! Son unos hampones y unos tramposos. Un Falconeri debe estar a nuestro lado, por el rey", dice el príncipe. Tancredi le contesta: "Por el rey, es verdad, pero ¿cuál rey?", y añade, a manera de corolario y de lapidaria sentencia (que creará un arquetipo literario que ha llegado a nuestros días): "Si allí no estamos también nosotros, esos te endilgan la república. Si queremos que todo siga como está, es preciso que todo cambie. ¿Me explico?"

En efecto, así como Tancredi, la clase política mexicana, la que ha estado en el poder y ha buscado perpetuarse en él desde los tiempos de la Colonia, ha ejercido el gatopardismo a fin de mantener los resquicios necesarios para corromper y corromperse a diario.

Bajo esta misma estrategia, los adalides de la corrupción son capaces de diseñar políticas de buen gobierno que en realidad son fachadas para que, dentro de la casa, puedan seguir cometiendo las fechorías que les plazcan. En su magnífico ensayo "Good Governance Facades", Kalle Moene y Tina Søreide exponen tanto las motivaciones como las tecnologías del poder político y burocrático para diseñar todo tipo de políticas públicas que a kilómetros de distancia parecen ideales para combatir al mal gobierno, pero que en última instancia son apariencias ideales que les permiten ejercer la corrupción con aún mayor tranquilidad y eficacia.[2]

En México, el gatopardismo puede encontrarse en su ambiente natural bajo dos modalidades diferentes, aunque, en algún punto, se intersecan en ciertos rasgos. De un lado, se nos aparece como un grupo político que sustituye —derrota— a otro con la bandera de un cambio radical del sistema político. De facto, la nueva casta se queda con el poder, lo monopoliza, hace modificaciones simbólicas e institucionales que, sin embargo, no cambian en nada el régimen excepto quien lo detenta. Un ejemplo concreto en la historia mexicana son las reformas borbónicas, entre cuyas prioridades estaba acabar con la corrupción de los funcionarios medios y altos del virreinato, principalmente criollos y que abusaban de sus cargos para beneficio propio, como ya he mencionado. Lo más destacado es la sustitución de quien detenta el poder, los españoles peninsulares contra los criollos; lo más inocuo es el efecto de las modificaciones, que bautizan como estructurales, radicales, transformadoras.

Por otra parte, existe la modalidad del cambio profundo sin sustitución de élite en el poder. Ejemplos en materia de corrupción hay varios: la "Renovación moral" de Miguel de la Madrid, o las medidas de austeridad de Adolfo Ruiz Cortines frente a la corrupción rampante de Miguel Alemán, ya señaladas. Los cambios fueron puro maquillaje, pues el sistema de corrupción se mantuvo intacto. Destaca la pervivencia de la misma casta política por una razón: porque hay un monopolio total del poder por parte del PRI.

MÁS CORRUPCIÓN POR TODOS LADOS

La democratización de principios de este siglo nos deparó más corrupción. Bajo el amparo del poder político las élites se encuentran a sus anchas, protegiéndose mutuamente, dispuestas a no perder estatus: además de los partidos políticos y sus representantes, sindicatos, empresas privadas nacionales y extranjeras, y el narco, se han beneficiado de una política rapaz en detrimento del desarrollo y el crecimiento del país en todos sus estratos sociales. No hace falta tener una memoria privilegiada para recordar los abusos de Napoleón Gómez Urrutia al frente del sindicato de mineros o a Elba Esther Gordillo, quien amasó una fortuna a costa de los derechos del gremio magisterial.

A lo largo de estos últimos años hemos visto desfilar a varias empresas en una pasarela de impresentables, corrompiéndose a más no poder; casos como los de OHL, Oceanografía, HSBC, destacan entre los más visibles. El de Odebrecht es el más escandaloso porque forma parte de la que quizá sea la trama de corrupción más grande que se haya visto jamás. Más adelante la abordaré en detalle.

DEMOCRATIZACIÓN NO ES IGUAL A ANTICORRUPCIÓN

La literatura sobre la democratización de los países en vías de desarrollo preveía que, junto con la competencia electoral, la alternancia y las libertades que promovía, la corrupción tendería a descender. La dinámica, empero, es diferente, dadas las condiciones del país. La derrota del PRI en la presidencia y en cada vez más entidades federativas ha otorgado el poder a otros partidos: tal es el caso del PAN, el PRD o el PVEM, los mismos que no han desempeñado un papel honesto en diversas ocasiones. Al hacer un recuento de los escándalos más visibles de corrupción estatal, nos encontramos en primer lugar con que los tres partidos han contado en sus filas a gobernadores dispuestos a corromperse; el arranque del nuevo régimen se caracterizó por campañas corruptas y sanciones que no lograron disuadir a ningún partido de recurrir a estas prácticas; los reacomodos en la casta política en el poder generaron equilibrios tales que los llevaron a protegerse entre sí para no permitir la entrada de nadie más; finalmente, hemos visto que la corrupción es una moneda de cambio en la negociación política, y no algo fuera de la norma.

DEMOCRACIA Y CORRUPCIÓN: UN CONTRASENTIDO DEL SIGLO XXI

> *Despite the resurgence of democracy and the pursuit of market-oriented economic reforms, despite the booming political and scholarly interest in corruption, and despite the concerted efforts by national and international reformists to tackle it, corruption stubbornly thrives in Latin America.*
> STEPHEN D. MORRIS y CHARLES H. BLAKE

La noche del 1 de julio de 2000, el presidente Ernesto Zedillo y los candidatos Francisco Labastida Ochoa y Cuauhtémoc Cárdenas asumían públicamente la victoria electoral de Vicente Fox. El triunfo del candidato del Partido Acción Nacional a la Presidencia de la República culminaba un proceso de varias décadas para conjurar la hegemonía del autoritarismo priista. Desde la Revolución de 1910, el hecho parecía el siguiente hito fundacional de un nuevo régimen por dos razones: porque un partido de oposición había conseguido ganar por fin, y porque el sistema electoral y sus instituciones, particularmente un Instituto Federal Electoral que desde 1996 se había convertido en un organismo independiente del Poder Ejecutivo, habían organizado elecciones justas e imparciales por primera vez en la larga historia nacional.

La expectativa de los ciudadanos era muy grande. La transición democrática había dado el primer paso, uno de enormes proporciones.

En adelante, se pensaba, la consolidación democrática incluiría agendas diferentes a la política, es decir, la social, la económica y la cultural. El gobierno recién electo pondría en marcha acciones para abatir la pobreza y la desigualdad; reformas para respetar los derechos de los pueblos indígenas, promover una mejora del sistema educativo, ampliar espacios para la participación de la sociedad civil organizada, profundizar la reforma electoral, entre otras. De la misma manera, el triunfador se comprometió, como una de sus 10 prioridades de gobierno, a "poner fin al sistema de complicidad y de privilegios y a combatir la corrupción sin salvedades, pero sin venganzas políticas ni revanchas partidistas". Había lógica en creer que la eliminación de la corrupción mantenía una correlación positiva y directa con la democratización. La asequibilidad del proyecto estaba al alcance de la mano. Sin embargo, la historia de los últimos años desmintió dicha esperanza. Aún más allá, lo que nos ha confirmado a la distancia es que se llevaron a cabo reformas que, a través de la promoción de la transparencia y la rendición de cuentas, en realidad fungieron como una simulación más de la nueva clase, que ya desde los primeros meses empezaba a sentarse a negociar con la élite sobreviviente del régimen anterior. Vale la pena recordar que el presidente Fox, desde un principio, negoció la transición y los siguientes pasos con el priismo, que mantuvo espacios de jurisdicción en el Congreso y en los gobiernos locales.

Por un lado, vino una agenda de reformas que llevaron a la primera Ley Federal de Transparencia y Acceso a la Información Pública Gubernamental —que creó así el Instituto Federal de Acceso a la Información Pública, Ifai, y hoy Inai—. El 11 de junio de 2002 se promulgaba esta, y diversos actores la consideraron en el momento una de las reformas de mayor trascendencia del sexenio en curso. Por otra parte, se estableció, además, la Auditoría Superior de la Federación (ASF) en sustitución de la Contraloría Mayor de Hacienda mediante la promulgación de la Ley de Fiscalización Superior de la Federación en diciembre de 2000, aprobada en el periodo anterior, de Ernesto Zedillo.

La ASF cuenta, desde su creación, con autonomía técnica y de gestión. Es un órgano técnico especializado de la Cámara de Diputados, y "se encarga de fiscalizar el uso de los recursos públicos federales en los tres Poderes de la Unión; los órganos constitucionales autónomos; los estados y municipios; y en general cualquier entidad, persona física o moral, pública o privada que haya captado, recaudado, administrado, manejado o ejercido recursos públicos federales".[3] La fiscalización se lleva a cabo para cada año y el resultado se presenta en un informe a la Cámara de Diputados; enuncia las irregularidades en el ejercicio del gasto público y tiene facultades de sanción. Durante el sexenio de Vicente Fox, los diputados no aprobaron ninguno de los llamados informes del resultado de la fiscalización superior de la cuenta pública, presentados anualmente al pleno. Esta práctica se volvió común en los sexenios subsecuentes: los partidos, oligopolio del poder, han hecho de esta herramienta un disfraz y quizá una moneda de cambio para presionar o chantajearse entre sí. La sociedad civil organizada y los medios de comunicación dieron pruebas de la utilidad de este instrumento, aunque haya sido a cuentagotas dada la dimensión del análisis en el gasto público, y el impacto real se vea 20 años después. La estafa maestra, pieza de periodismo de investigación de Mexicanos Contra la Corrupción y la Impunidad y *Animal Político*, partió precisamente de los resultados de la auditoría de la cuenta pública para profundizar en este sofisticado acto de corrupción. De sobra está decir que aún queda pendiente la rendición de cuentas sobre este desfalco al erario.

Por otra parte, los principales objetivos de la ley en materia de transparencia son de la mayor relevancia para el combate a la corrupción:[4]

✦ Proveer lo necesario para que toda persona pueda tener acceso a la información mediante procedimientos sencillos y expeditos;

✦ Transparentar la gestión pública mediante la difusión de la información que generan los sujetos obligados;

✦ Garantizar la protección de los datos personales en posesión de los sujetos obligados;

✦ Favorecer la rendición de cuentas a los ciudadanos, de manera que puedan valorar el desempeño de los sujetos obligados;

✦ Mejorar la organización, clasificación y manejo de los documentos, y

✦ Contribuir a la democratización de la sociedad mexicana y la plena vigencia del Estado de derecho.

En los albores de la consolidación democrática, promover la transparencia, mejorar la gestión gubernamental y fortalecer a la ciudadanía organizada representaba sin lugar a duda un avance fundamental. En los hechos, la transparencia tomó un rumbo positivo: el Ifai fue una instancia promotora que, presionada por las organizaciones de la sociedad civil y los periodistas, dio frutos importantes en la sistematización de la información. Pero no fue suficiente; aun con la presencia insistente de la sociedad civil, nunca se dio el tránsito de la transparencia hacia la rendición de cuentas de manera efectiva. De nueva cuenta ocurrió el maquillaje de las reformas y la simulación de políticas públicas en beneficio de la clase en el poder, conformada en esta ocasión por una nueva élite panista, que tuvo que compartir el mando con una muy vieja y acendrada élite priista. A la distancia se observa que ese habría de ser el resultado, pues en el origen los tres partidos políticos que se distribuían el Poder Ejecutivo federal y local, además de los congresos federal y locales, no tuvieron empacho en corromper y corromperse para ganar elecciones, cometer actos fuera de la ley para ejercer recursos sin fiscalización. Tres casos claves que dejan ver este fenómeno durante el primer periodo presidencial del siglo XXI y la supuesta consolidación democrática: el *Pemexgate*, Amigos de Fox y el videoescándalo de las ligas de René Bejarano y Carlos Ímaz. Los repaso por orden de aparición.

DEMÓCRATAS CLEPTÓCRATAS

Muy pronto, después de las elecciones, el entonces Instituto Federal Electoral (IFE) abrió dos investigaciones por irregularidades en el gasto de los partidos durante las campañas: la primera contra el PRI y la segunda contra Alianza por el Cambio, una coalición electoral del PAN y el Partido Verde Ecologista de México (PVEM). Ambos expedientes estaban a cargo de Alonso Lujambio, presidente de la Comisión de Fiscalización e integrante del mítico Consejo General presidido por José Woldenberg, establecido en 1996.

Después de una larga pesquisa, en marzo de 2003 el IFE emitió una resolución para sancionar al PRI por haber ingresado a su campaña 500 millones de pesos provenientes de Pemex mediante una triangulación entre el partido, la empresa y el Sindicato de Trabajadores Petroleros de la República Mexicana. Dichos recursos no fueron informados en modo alguno al instituto electoral. La multa ascendió a mil millones de pesos.

En el caso de Alianza por el Cambio, el IFE llevó a cabo una investigación muy compleja, pues hubo reticencias por parte de diversas autoridades y particulares para permitirle llevar a buen término las indagatorias. El litigio comenzó en la recta final de la campaña presidencial. Como lo mencionan María Amparo Casar y Luis Carlos Ugalde en su libro *Dinero bajo la mesa*, el representante del PRI ante el Consejo General del IFE presentó una queja sobre una trama de financiamiento ilegal por medio de un sistema de financiamiento paralelo, y luego de varios años se llegó a la siguiente conclusión:

Del análisis de los flujos de efectivo, se confirmó la existencia de una estructura alrededor de tres entes jurídicos principales: la asociación civil Amigos de Fox, un fideicomiso denominado Para el Desarrollo y la Democracia en México y otra asociación, llamada Éxito con Fox. Con un intrincado sistema de transferencias cruzadas entre 25 cuentas bancarias se recibieron 46 millones de pesos de 296 "fuentes ilícitas", que eran de personas físicas y morales que no tenían actividades mercantiles, aunque con varias aportaciones que superaban el límite legal permitido. Igualmente, se recibieron 45 millones de "fuentes ilícitas", entre las que se encontraban 57 empresas mercantiles, aportaciones desde el extranjero, depósitos desde el grupo parlamentario del PAN en el Senado y aportaciones de origen no identificado. En total, 91 millones de pesos quedaron acreditados como financiamiento ilegal [equivalentes a 232 millones de pesos de 2018], ya que se utilizaron para pagar directamente a proveedores en la campaña y no se declararon en ningún momento. Estos 91 millones se sumaron al gasto que sí había reportado la coalición (418 millones de pesos), con lo cual el tope de gastos de campaña presidencial, que entonces alcanzaba los 491 millones de pesos, fue superado en 3.7% (poco más de 18 millones de pesos).[5]

Amigos de Fox fue un caso de análisis más complicado que el del *Pemexgate* porque desde un inicio hubo reticencias por parte de la Comisión Nacional Bancaria y de Valores, el Instituto de Protección al Ahorro Bancario (IPAB) y el Registro Público de la Propiedad, así como de otras instituciones financieras del gobierno federal,[6] que impedían al IFE tener acceso a información invocando el secreto bancario, fiduciario y fiscal. Sin embargo, tras diversas resoluciones por parte del Tribunal Electoral del Poder Judicial de la Federación (TEPJF) y de la Suprema Corte de Justicia de la Nación, se consideró constitucional esta atribución, lo que terminó comprobando el financiamiento ilícito de la campaña de Vicente Fox. Se sancionó a la coalición con una multa de 498 millones de pesos.

Los candidatos que quedaron en primero y segundo lugar lo lograron mediante campañas fraudulentas, marcadas por actos de corrupción; del mismo modo, sus partidos consiguieron los grupos parlamentarios más grandes en ambas cámaras. En la LVIII Legislatura del Congreso de la Unión, el PAN obtuvo 206 diputados, mientras que el PRI, 209. En el Senado de la República, el PAN logró acceder a 47 escaños mientras que el PRI se quedó con 59. El PVEM, gracias a la coalición electoral oportunista que negoció con el PAN, se convirtió de la noche a la mañana en la cuarta fuerza política partidista.

Para ese momento, la presión de la sociedad civil y de los medios de comunicación había logrado transparentar escándalos de corrupción y financiamiento ilegal de campañas; la figura del *whistleblower* fue fundamental para que por medio de denuncias anónimas o confidenciales se conocieran estos ilícitos. Como señalan María Amparo Casar y Luis Carlos Ugalde, en 1994 se documentó el caso de la elección para gobernador de Tabasco, en la que los principales candidatos eran Roberto Madrazo (PRI) y el propio Andrés Manuel López Obrador (PRD).

En el año 200 había amplias expectativas: representaba el inicio de un nuevo siglo, de un nuevo milenio, y de un nuevo régimen para el país; 20 años después, la realidad seguía interponiéndose con una esperanza de cambio que venía gestándose desde décadas atrás, y que los ciudadanos habían confiado a los políticos que supuestamente la representaban. Pero dichas elecciones presidenciales fueron la primera prueba de que nada se transformaría, por lo menos no en torno a la rendición de cuentas y la lucha contra la corrupción. Por un lado, las multas que sufrieron los partidos en el poder no representaron un golpe letal a sus finanzas, y además, como señalan Casar y Ugalde, "en ninguno de los dos el castigo sirvió como disuasivo para evitar esa conducta en el futuro".[7] Pasados los comicios, y las sanciones, el poder que les quedaba seguía siendo casi ilimitado. Su discrecionalidad estaba a salvo. Lo siguiente era un pacto para mantener en su sitio a la casta política que acaparó la autoridad, diseminada en un cártel de partidos que se solaparían entre sí en lo fundamental, y de ese modo evitar que la lucha contra la corrupción se convirtiera en un movimiento efectivo para desterrar a los deshonestos y crear una burocracia más digna. Siguiendo nuevamente a Casar y Ugalde, ellos tienen un párrafo lapidario en este sentido. Lo transcribo:

> En México ha privado una especie de "pacto" o "intercambio" de impunidad que se resume en la frase *tapaos los unos a los otros,* y que ha funcionado a la perfección. Se vale exhibir, pero no perseguir; se vale denunciar, pero no consignar. La democratización de las elecciones trajo la democratización de la corrupción.

En adelante, la élite política dejó de pasar por el filtro del mismo partido hegemónico de los últimos 70 años. La novedad consistía en que la distribución del poder apostaba por el futuro con una nueva élite que contaba con tantas entradas al sistema como partidos políticos existieran, pero una vez dentro pertenecía al mismo conjunto de simulaciones y contubernios. En público, combatían ferozmente en el debate; en lo privado, compartían los mismos privilegios.

Uno de los golpes más fuertes asestados al proceso de democratización fue el gatopardismo de quienes obtuvieron o mantuvieron el control tras la derrota del PRI. Desde ese momento se selló gran parte de lo que hemos vivido desde entonces —incluido uno de los sexenios más corruptos en la historia de México, el de Enrique Peña Nieto; sin duda, dicho periodo ratificó lo que Labastida y Fox comenzaron con la alternancia en el país.

Durante el gobierno de Vicente Fox, junto con el PAN y el PRI, el PRD detentaba un pedazo importante de poder. Era la tercera fuerza en el Congreso federal y conservaba la capital tras la administración de Cuauhtémoc Cárdenas. El jefe de Gobierno electo para el periodo 2000-2006 en el entonces Distrito Federal era Andrés Manuel López Obrador.

A más de tres años de la alternancia en la presidencia, el 3 de marzo de 2004 se presentó en el programa El mañanero de Televisa un video en el que aparecía el exsecretario particular de López Obrador (de 2000 a 2002), René Bejarano, recibiendo dinero en efectivo del empresario Carlos Ahumada. Varios días después, el 8 de marzo, se difundió un video más, en este caso del perredista Carlos Ímaz, entonces jefe delegacional en Tlalpan, recibiendo de igual manera efectivo de manos del mismo empresario. En el caso del primero, diputado local en la Asamblea Legislativa del Distrito Federal, fue desaforado y encarcelado por ocho meses; el segundo también fue declarado culpable, pero no llegó a pisar la prisión.

Hoy en día no se tiene certeza acerca del destino de esos fondos. Al margen de cualquier especulación, lo verdaderamente relevante es que se trató sin duda de una acción concertada, que implica una forma de corrupción, y en la que otro partido, el más importante de la izquierda, se vio también involucrado en el abuso de poder para obtener beneficios privados, lo que se tradujo en dinero en efectivo proveniente de un particular.

Para 2004, el escenario político en las horas de la consolidación democrática mostraba un cariz ambivalente. Por un lado, los escándalos eran revelados, transparentados; la rendición de cuentas parecía comenzar a perfilarse como un mecanismo contra la impunidad; se materializaron sanciones administrativas y penales. Por el otro, los partidos políticos, adueñados por completo de la esfera de control, no atendieron al reclamo ciudadano de combatir la corrupción: eran ellos mismos los que la ejercían. Fue un momento decisivo en la breve historia mexicana del siglo XXI, con una lucha de fuerzas entre el cabal Estado de derecho y el simulacro de la élite política. Con el paso del tiempo, el resultado fue muy claro: la corrupción se agravó conforme pasaron los años.

LA GUERRA CONTRA EL CRIMEN ORGANIZADO:
EL CASO DE GENARO GARCÍA LUNA

Las cuentas pendientes de la llamada guerra contra las drogas del expresidente Felipe Calderón tiene a uno de sus protagonistas en una cárcel de Nueva York en Estados Unidos: Genero García Luna. Hoy sigue un proceso judicial por los cargos de narcotráfico y colaboración con el Cártel de Sinaloa. Fue secretario de Seguridad Pública en el sexenio completo de Felipe Calderón (2006-2012). Se le acusa de haber recibido sobornos por 3 millones de dólares en 2007 por el propio Cártel de Sinaloa. Es el primer miembro del gabinete de un presidente encarcelado por, entre otros delitos, actos de corrupción.

Llevamos décadas viviendo, sufriendo, las consecuencias no de un combate al crimen organizado, sino de la colusión entre el poder político y los narcotraficantes. El ejemplo de García Luna muestra crudamente que la delincuencia organizada ha tomado por asalto al gobierno. Pasan los sexenios y esto no termina. Quizá el secuestro del poder público a manos de los criminales, ya sean narcotraficantes o de cuello blanco, es lo que ha llevado al país a sufrir una de las peores crisis de seguridad de su historia. La consecuencia más dolorosa y difícil de remontar que ha provocado la corrupción gubernamental es precisamente la imposibilidad de acabar con los altos índices de violencia, de inseguridad. Los muertos, los desaparecidos, los violentados son el ejemplo perfecto del impacto de la corrupción gubernamental y del abuso del poder público para intereses privados, como los del narco. El combate al narcotráfico es la falacia más grande que ha experimentado nuestro país, incluso aún más grande que el combate a la corrupción que pretenden abanderar políticos de todos los signos partidistas e ideológicos.

EL FEDERALISMO: PROMOTOR DE CORRUPTOS[8]

Una de las banderas del panismo ideológico era propugnar por la reconstrucción del sistema político mexicano para abrir paso al federalismo, dejando atrás el excesivo centralismo en la toma de decisiones y en el ejercicio de los recursos públicos por parte de la federación. Con la administración de Vicente Fox vino una reingeniería institucional, justamente para distribuir el poder hacia lo local; con el paso del tiempo, el resultado tuvo varias dimensiones, pros y contras. En el caso de la corrupción, el federalismo permitió a gobernadores y presidentes municipales abusar de sus cargos, con lo que los primeros se convirtieron en cuasi virreyes, como han descrito varios comentaristas nacionales.

Con la federalización se generaron incentivos perversos para que los gobernadores usaran el erario en fines distintos al beneficio de sus electores. Además de las facultades de contraer deuda —la mayoría de los gobiernos estatales se excedieron en ella—, ejercer un control férreo de las estructuras formales e informales del poder en las entidades, y su indolencia en generar y recaudar impuestos locales, los gobernadores tienen aún discrecionalidad en el uso de ramos completos del Presupuesto de Egresos de la Federación que cuentan con muy pocos mecanismos de transparencia y rendición de cuentas. La distribución del poder trajo aparejada una corrupción rampante, aun cuando el espíritu del federalismo suponga ventajas para crear pesos y contrapesos aunados a los de los tres Poderes de la Unión y los organismos autónomos.

El culmen de la trágica historia en la que se convirtió el federalismo se dio durante el sexenio de Enrique Peña Nieto; sin embargo, los años previos no estuvieron exentos de los efectos perniciosos de otorgar tanto poder de decisión a gobernadores y presidentes municipales.

En el periodo de Luis Armando Reynoso Femat (2004-2010), a la sazón militante panista, el estado de Aguascalientes sufrió daños por peculado y defraudación fiscal.

De 2005 a 2011, el perredista Narciso Agúndez Montaño fungió como gobernador de Baja California Sur; fue acusado de desvío de recursos públicos por un monto de 52 millones de pesos en operaciones ilícitas. En la entidad vecina de Baja California, el gobernador Leonel Cota Montaño (1999-2015), quien ganó la elección bajo el paraguas de una coalición entre el PRD y el Partido del Trabajo (PT), incurrió en nepotismo en no pocas ocasiones, al instalar en puestos importantes a miembros de su familia.

También en la lucha por el poder, la corrupción es un instrumento. Lo vimos en la disputa por el cacicazgo de Chiapas: Pablo Salazar Mendiguchía, gobernador de 2000 a 2006, fue encarcelado en junio de 2011 por peculado —el desvío de más de 100 millones de pesos del erario— y asociación delictuosa como resultado de una enemistad feroz con su sucesor, Juan Sabines. Al final de la gubernatura de este último, en noviembre de 2012, fue puesto en libertad.

Para noviembre de 2016, Guillermo Padrés, quien fuera gobernador de Sonora por el PAN (2009-2015), ya se encontraba en prisión por el delito de operaciones con recursos de procedencia ilícita. Las acusaciones en su contra implicaban enriquecimiento ilícito, tráfico de influencias y corrupción. En febrero de 2019 salió de la cárcel luego de pagar una fianza millonaria. El caso fue expuesto por la Fiscalía Especializada para la Investigación de Hechos de Corrupción de Sonora. El enjuiciado ha dicho una y otra vez que se trata de una maniobra política de su sucesora, la priista Claudia Pavlovich.

La corrupción más escandalosa se presentó durante el sexenio de Enrique Peña Nieto. El presidente, en los albores de su administración, presumía de estar arropado por una nueva generación de priistas, muchos de ellos gobernadores en funciones que, en los años siguientes, tomaron ventaja de su cargo, por lo que fueron denunciados y enjuiciados penalmente.

En Chihuahua, César Duarte Jáquez (2010-2016) pasó de la casa de gobierno a huir de la justicia; con una ficha de Interpol se le buscó por varios años por el desvío de 246 millones de pesos. Por declaraciones de un testigo protegido se conoce que sobornó a diputados locales por 22 millones de pesos. El exgobernador fue denunciado ante la Procuraduría General de la República (PGR) por enriquecimiento ilícito, peculado y uso indebido del servicio público. La Fiscalía Especializada para la Atención de Delitos Electorales (Fepade) lo denunció en junio de 2017 por el desvío de 14 millones de pesos a la campaña del PRI en las elecciones intermedias de 2015.

La familia Moreira es, como se dice coloquialmente, dueña de Coahuila. Los hermanos Humberto y Rubén fueron gobernadores, el primero de 2005 a 2011, y el segundo lo sucedió de 2011 a 2017. Ambos priistas, aunque el segundo logró la victoria gracias a una coalición amplia con el PVEM y el Partido Nueva Alianza (Panal). Rubén tiene una denuncia ante la Fepade por el desvío de recursos públicos; Humberto fue acusado de lavado de dinero y de peculado, además de haber incurrido en un megaendeudamiento que lo llevó a perder su afiliación al PRI.

Otro miembro de la famosa "ilustre" generación que pregonaba ufanamente Peña Nieto como la nueva camada de priistas que transformarían al partido y al país era el entonces gobernador de Quintana Roo, Roberto Borge. Mexicanos Contra la Corrupción y la Impunidad descubrió un desfalco al erario de dicho estado por al menos 15 mil millones de pesos, llevado a cabo entre 2015 y 2016. El 4 de junio de 2017 Borge fue detenido en Panamá y extraditado poco después a México por el delito de operaciones con recursos de procedencia ilícita; el 14 de mayo de 2019 le dictaron dos años y dos meses de prisión preventiva por el delito de aprovechamiento ilícito del poder.

En Veracruz se presentó el caso más indecoroso e indignante para la opinión pública después de la casa blanca de Peña Nieto. Javier Duarte se ha convertido en uno de los símbolos más reprochables del abuso de poder; gracias a una investigación periodística se comenzó a desentrañar, desde mayo de 2016, una trama de desvío de recursos públicos del gobierno de Veracruz, cuando Duarte entraba en la fase final de su administración. Recordemos que su periodo al frente del Ejecutivo estatal transcurrió de 2010 a 2016. El portal de noticias *Animal Político* descubrió una red de personas morales inexistentes, únicamente registradas, aunque sin cumplir con los requisitos formales, también conocidas como "empresas fantasma", a las que se otorgaron contratos públicos por un monto de 950 millones de pesos mediante asignaciones directas o licitaciones restringidas. La investigación formal por parte de las autoridades, que llevó a ordenar la detención de Duarte, estima que el daño patrimonial fue por un monto de más de 800 millones de dólares. El 15 de abril del año siguiente fue detenido en Guatemala, donde se encontraba escondido tras haber huido en helicóptero; tan solo tres meses después fue extraditado a México, donde se le condenó a prisión al declararse culpable de los delitos de lavado de dinero y asociación delictuosa. La gravedad de sus actos de corrupción se resume en el impacto negativo directo a los ciudadanos: los contratos que debían cumplir las empresas fantasma implicaban suministrar útiles escolares, alimentos y material de construcción a personas de escasos recursos.[9] En medios se ventiló, incluso, que el gobierno estatal habría comprado 70 mil pruebas falsas para el diagnóstico de VIH y suministrado medicamentos inocuos, a base de agua destilada, para tratar a niños con cáncer.

Los días 26 y 27 de septiembre de 2014 figuran entre los más estremecedores de la historia reciente en México. Durante la noche compartida entre ambos hubo un atentado contra varios camiones que transportaban a estudiantes de la Escuela Normal Rural "Raúl Isidro Burgos", conocida como Escuela Normal de Ayotzinapa; el saldo fatal suma muertos y desaparecidos. Hoy continúa abierta la investigación —y la herida— sobre el paradero de 43 jóvenes, el cual nadie ha dicho conocer y mucho menos si han muerto o siguen vivos. El gobierno de la República, por conducto del entonces titular de la PGR, Jesús Murillo Karam, dio a conocer el resultado de sus indagatorias y ofreció como conclusión una "verdad histórica" que hoy en día no parece concluyente acerca de que habrían sido asesinados y sus cuerpos calcinados, para luego desaparecer las cenizas. Trabajos periodísticos de diversa índole apuntan en varias direcciones: desde la participación de grupos criminales locales como motor del evento (el choque entre Guerreros Unidos y Los Rojos), pasando por el involucramiento de autoridades como el entonces presidente municipal de Iguala, José Luis Abarca Velázquez, el exgobernador de Guerrero, Ángel Aguirre Rivero, y la policía municipal, hasta la acción directa de la Policía Federal y el 27 Batallón de Infantería del Ejército mexicano; las líneas de investigación y los probables responsables se multiplican en una gigantesca trama que ha derivado en todo menos en un resultado creíble y suficiente. ¿Dónde están los estudiantes de la Normal?, esa es la pregunta fundamental.

Ese mismo 2014, envuelto en la gravísima crisis derivada de la desaparición de los 43 jóvenes en Guerrero, el gobierno mexicano se vio arrinconado frente a un escándalo que involucraba al presidente de la República: la "casa blanca".

Por aquellos días del último tramo del año, que transcurrían como una eterna crisis para la administración de Enrique Peña Nieto, un grupo de cuatro periodistas, todos ellos pertenecientes al equipo de Carmen Aristegui, presentaban al público —el domingo 9 de noviembre— una investigación que transformaría por completo y finalmente el cariz del sexenio en curso. El reportaje se centraba en una casa de color blanco en Lomas de Chapultepec, en la Ciudad de México, propiedad del presidente y su esposa, Angélica Rivera, conocida popularmente como *La Gaviota* por su personaje más reconocido como actriz de telenovelas. El problema esencial no tenía que ver con que fuera una mansión repleta de lujos, sino que provenía de un acto de corrupción vinculado a un grave conflicto de interés del titular del Poder Ejecutivo.

La información daba cuenta de la residencia que desde 2012 habitaba la familia presidencial, una fastuosa casa blanca con valor de más de 80 millones de pesos, inscrita en el Registro Público de la Propiedad a nombre de la empresa Ingeniería Inmobiliaria del Centro, parte del consorcio Grupo Higa, cuyo dueño es Juan Armando Hinojosa Cantú.[10] El escándalo e indignación de la opinión pública se debieron al patente conflicto de interés, según definiciones internacionales, pues Grupo Higa era una de las empresas contratistas que se vieron más beneficiadas por el gobierno del Estado de México durante la gestión de Enrique Peña Nieto (2015-2011); además, formaba parte del consorcio liderado por la empresa China Railway Construction Corporation (CRCC), ganadora de la licitación para construir el tren México-Querétaro —obra pública suspendida el 6 de noviembre de 2014, tan solo unos días antes de la salida a la luz pública de la noticia sobre la casa blanca, debido a un procedimiento licitatorio desaseado y lleno de suspicacias—, que sería uno de los proyectos emblemáticos del sexenio. Por último, existía una relación de amistad entre el empresario y el presidente.

El fatídico 2014 desdibujó la imagen del gobierno de manera espectacular. La aprobación presidencial —según las más serias casas encuestadoras en México— alcanzó mínimos por debajo de 20% en los años siguientes. Los principales temas que impactaron en su popularidad, sin duda, fueron la incapacidad para atender la inseguridad y los alarmantes niveles de evidente corrupción.

Como apéndice al agravio de la casa blanca, el medio de comunicación *The Wall Street Journal* dio a conocer el 11 de diciembre del mismo y funesto 2014 que el entonces secretario de Hacienda y Crédito Público, Luis Videgaray Caso, habría incurrido en un acto similar al de su jefe inmediato al verse envuelto en un conflicto de interés con la misma compañía, Grupo Higa, por la compra de una casa en Malinalco.

Las consecuencias y el corolario a los escándalos de corrupción que involucraron a los más prominentes cargos del Poder Ejecutivo federal resultaron verdaderamente esclarecedores acerca de que el sistema político mexicano vive en un constante gatopardismo, aderezado por políticas públicas que son más bien fachadas para escamotear lo que practica en realidad. "Una fachada de gobierno puede ser introducida deliberadamente para engañar a observadores y grupos de interés para encubrir robo político",[11] señalan Moene y Søreide.

Dos hechos quiero resaltar a propósito. Por un lado, el proceso de exoneración que llevó a cabo la Secretaría de la Función Pública —instancia encargada de combatir la corrupción dentro del gabinete presidencial—; y, por otro, la creación del más ambicioso y vanguardista proyecto para enfrentar la corrupción en México, a saber, el Sistema Nacional Anticorrupción.

El 3 de febrero de 2015, casi tres meses después de publicada la investigación de Daniel Lizárraga, Rafael Cabrera, Irving Huerta y Sebastián Barragán, el presidente nombró a Virgilio Andrade secretario de la Función Pública. En el acto protocolario, instruyó al nuevo titular de la lucha anticorrupción llevar a cabo una exhaustiva investigación, que "resuelva si hubo o no conflicto de interés en las obras públicas o contratos otorgados por dependencias federales a las empresas que celebraron compraventas de inmuebles con mi esposa, con el titular de la Secretaría de Hacienda y Crédito Público, y con un servidor".[12] También solicitó a Andrade "reunir un panel de expertos con reconocido prestigio para que conozcan y evalúen los resultados de la investigación que habrá de llevar a cabo".[13] (Varios meses después, cuando se presentó el resultado de la investigación, también se informó que no se consideró necesario el panel de expertos, por lo que no se conformó en ningún momento.)

Además, el mandatario presentó un catálogo de acciones para prevenir la corrupción y evitar conflictos de interés en el futuro:

ocho medidas de política pública como una fachada más para que el interior de la casa —el gobierno— se mantenga igual:

1. Todos los burócratas tendrán que presentar una declaración de posibles conflictos de interés.
2. Se crea una unidad especializada en ética y prevención de conflictos de interés en la Secretaría de la Función Pública.
3. Habrá reglas de integridad que profundicen los actuales códigos de ética en el servicio público.
4. Habrá protocolos de contacto entre particulares y servidores públicos en los procesos de contratación.
5. Elaborar un registro de funcionarios involucrados en procesos de contratación.
6. Acelerar la operación de la Ventanilla Única Nacional para trámites y servicios de gobierno.
7. Completar y detallar la lista de proveedores sancionados.
8. Ampliar la cooperación con el sector privado en materia de transparencia y combate a la corrupción.

Es recurrente en México que el gobierno reaccione ante alguna crisis en el ejercicio de sus funciones con el anuncio de la intención de aplicar medidas que en el futuro resuelvan el problema. Normalmente son propuestas inocuas (como las que acabo de referir), y su implementación sucede sin el impacto anunciado.

Tras este anuncio de principios de 2015, la perspectiva de contar con una investigación objetiva, en la cual el fiscal contara con total independencia para emitir juicios sin presiones ni compromisos, resultaba inviable. Quizá el contrapeso de contar con un grupo de expertos que revisara y evaluara los resultados de la investigación habría sido útil a una estructura gubernamental que no tenía modo de despegarse del vínculo con el presidente, quien, al final de cuentas, es su jefe inmediato. ¿Cómo luchar contra actos de corrupción que implican conflicto de interés bajo un esquema en el que la labor no puede cumplirse precisamente por un conflicto de interés? La lógica de contar con un fiscal anticorrupción independiente e imparcial, no designado por el presidente de la República, ha sido una exigencia ciudadana primordial en el movimiento anticorrupción. Su pertinencia es innegable a la luz de escándalos como el que cargará a cuestas Enrique Peña Nieto cuando sea juzgado por la historia.

El corolario era predecible. El 21 de agosto de 2015, siete meses después de tomar posesión del cargo, Virgilio Andrade, en una conferencia de prensa, habló durante casi tres horas para argumentar con datos y sofismas que en modo alguno se había incurrido en conflicto de interés con la compraventa de la casa blanca a las empresas de Grupo Higa. El caso se cerró, pero la herida quedó abierta y la hemorragia fue fatal.

Los años se sucedieron, inexorables. El sexenio dio un vuelco estrepitoso desde finales de 2014. Las promesas de reformas estructurales y de un gobierno eficiente hechas por el PRI se vieron nulificadas por un desempeño mediocre de la economía y un crecimiento atroz de la inseguridad y la violencia, unidas esencialmente a un halo de corrupción, que todo, en resumen, afectó la percepción de la gente y arruinó la credibilidad y la confianza en Peña Nieto. Las reformas estructurales promovidas por el Pacto por México —instancia de acuerdo informal entre grupos con influencia pertenecientes a los principales partidos políticos de México, creada durante el periodo de transición entre los gobiernos de Felipe Calderón y Peña Nieto, y firmada el 2 de diciembre de 2012, un día después de la toma de protesta de este último como presidente— nunca lograron despegar como un legado valioso de la administración, aun cuando entre ellas había cambios positivos.

Al comienzo de la debacle del gobierno, que no había llegado siquiera a la mitad del mandato, se promovió y aprobó en mayo de 2015 un paquete de reformas constitucionales anticorrupción. Provenía de iniciativas de diversas fuerzas políticas, incluido el propio Ejecutivo. Sin duda se trató de modificaciones ambiciosas: crearon el Sistema Nacional Anticorrupción (SNA); dotaron al Poder Legislativo de capacidades para expedir las leyes correspondientes del mismo SNA; definieron en la Carta Magna las responsabilidades de los servidores públicos por actos de corrupción, y, finalmente, fortalecieron a la Auditoría Superior de la Federación, órgano autónomo de fiscalización del gasto público adscrito al Poder Legislativo.

El 18 de julio de 2016, más de un año después, Peña Nieto promulga varias leyes secundarias requeridas para instrumentar las reformas constitucionales. Por supuesto, se promulga la Ley General del Sistema Nacional Anticorrupción (compuesta por 60 artículos). También se firma ese día la Ley Orgánica del Tribunal Federal de Justicia Administrativa (otros 70 artículos), más la Ley de Fiscalización y Rendición de Cuentas de la Federación (111 artículos) y la Ley General de Responsabilidades Administrativas (229 artículos la comprenden). Los números no mienten: se trató de un trabajo que a simple vista parece titánico, y bajo ese mismo lente se antojaría pensar que nos encontramos frente a un entramado legal tan robusto que ningún servidor público volvería a corromperse en México en adelante. Pero no ha sido así.

La simulación requiere de mucho trabajo, no es cosa sencilla. Implica, además, que ese trabajo sea colectivo, que la acción sea coordinada entre ese pequeño grupo que no quiere abandonar el privilegio que detenta, que en este caso es el de corromper impunemente. Vemos el gatopardismo en su expresión más compleja, y más cínica; el *statu quo* como promotor de corruptos a gran escala. No importa si se trata de una tajada de un contrato para dotar de computadoras a una secretaría de Estado, de una casa en un campo de golf a cambio de entregar unas bases de licitación tres meses antes de ser publicadas, incluir en licitaciones a empresas de amigos, recibir porcentajes de contratos otorgados por el simple hecho de favorecer a una empresa, obtener transferencias millonarias en cuentas personales por presionar un botón, sin ninguna reflexión de por medio, para votar una u otra ley "estructural" o aprobar el Presupuesto de Egresos de la Federación. No importa cuál sea el cargo público, tampoco importa si se trata de una designación o de una elección popular; lo mismo unos y otros se sienten amenazados en sus parcelas de discreción y poder, de ahí que existan claros incentivos a reaccionar.

En principio, cualquiera podría creer que la mala imagen después de los escándalos de corrupción, las exigencias de una opinión pública informada y de otra menos informada, pero ambas en sincronía, el escarnio social (que, viéndolo en perspectiva, cada vez se ha vuelto menos doloroso, menos vergonzoso y, quizá, acaba siendo una manifestación pública de la alianza del corrupto con sus pares), el temor a perder el empleo, una derrota inminente en los siguientes comicios y la reputación perdida frente a la familia y los amigos son acicates suficientes para construir un entramado legal e institucional que cumpla con sus propósitos y sea aplicable y congruente. El exceso de corrupción al que se ha sometido al país, particularmente en las últimas décadas (como ya hemos visto, los políticos mexicanos son pupilos y descendientes de Miguel Alemán, fundador de la cleptocracia como la conocemos hoy en día) es suficiente motivo para buscar desembarazarse de este lastre que ha sido aliado del precario crecimiento del país, la pobreza, la polarización social, la inseguridad rampante, la moral por los suelos, la "ética" del agandalle, la mala educación, los deficientes servicios de salud, la damnificación en casi todos los sentidos de la colectividad, la falta de democracia real y la sonrisa burlona de quienes al margen de la ley hacen lo que se les antoja mientras aquellos despojados de todo (derechos, alimentación y dignidad) pagan los platos rotos, siendo incluso los únicos sujetos de punición del sistema de justicia mexicano. No encuentro un escenario más perfectamente ideal para renovar el régimen y cerrarle la puerta a la corrupción como el México que tenemos enfrente.

Sin embargo, esto no sucedió en 2015. El SNA y sus leyes satélites —en ese momento una de las más ambiciosas reformas en la materia a nivel mundial, me apresuro a decir—, una estrategia casi holística de combate a la venalidad, para cuya conformación la clase política se dio a la democrática tarea de escuchar a todas las partes que tenían algún interés en incidir, aceptó propuestas y reaccionó ante temas previamente señalados por organizaciones de la sociedad civil, y que el presidente anunció al final como una gran celebración del acuerdo unánime en acabar con la corrupción —que él mismo había atribuido a la fatalidad de lo cultural, es decir, apuntando a la imposibilidad de resolverla en el corto o mediano plazo—, solo trajo modificaciones que tendrán un impacto lejano, allá en el largo plazo, signifique lo que ello quiera significar. Llevó el mensaje a todos los foros en el mundo; se presentó en el Foro Económico Mundial de Davos, en enero de 2016, para presumir al mundo que México era parte de la vanguardia anticorrupción. Sin embargo, todo fue en vano. El reducido grupo en el poder cambió la Constitución, cambió leyes complementarias, creó nuevas, cambió de estrategia y de discurso, cambió de cara y se mostró benevolente con quienes no quieren más transas; cambió todo para que, como dijera Lampedusa, no cambiara nada. Hoy en día no existe un Sistema Nacional Anticorrupción en funciones; vamos, no se ha designado siquiera un fiscal anticorrupción, el *ombudsman* de la honestidad.

Sin duda alguna, el gobierno de Enrique Peña Nieto fue la gota que derramó el vaso. Los 20 años de lo que hemos querido creer una fase de consolidación democrática se han convertido en un camino de reversa en el que se desmantelaron instituciones y principios rectores del régimen democrático, aunado al hecho de que no se han encontrado vías para fortalecer el Estado de derecho, impedir la corrupción y acabar con la impunidad.

4
Intermedio
El Sistema Nacional Anticorrupción: una historia fallida

El Sistema Nacional Anticorrupción (SNA) es un modelo de combate institucional a la corrupción sin precedentes. A diferencia de las llamadas agencias anticorrupción (ACA, por sus siglas en inglés) implementadas en varios países, el SNA es concebido como un sistema integral que entrelaza e interconecta a un amplio grupo de instituciones gubernamentales de nivel federal y estatal y a los tres Poderes de la Unión, además de la participación central de miembros prominentes de la academia y la sociedad civil organizada. Es una "estructura horizontal cuyas partes funcionan como contrapesos entre sí".[1] David Arellano Gault lo describe como "una idea emocionante, atrevida e innovadora".[2] Desafortunadamente, a cinco años de su creación, pareciera carecer de cualquier fuerza para enfrentar a la corrupción por diversas razones, que explicaré en este capítulo. El futuro no luce promisorio. Al contrario, las reticencias ante su plena implementación y completo funcionamiento cada vez son mayores y más exitosas, debilitando los puentes y canales de interacción y contrapeso entre instituciones.

El SNA es uno de los ejercicios más acabados de gatopardismo mexicano de las últimas décadas. La élite en el poder durante el sexenio de Enrique Peña Nieto, caracterizada por su alto nivel de corrupción, fue la misma que materializó la reforma constitucional que dio vida al SNA. Lo hizo por la fuerte presión, principalmente de representantes de organizaciones de la sociedad civil y académicos; sin embargo, una vez aprobadas dichas leyes, han bloqueado y ralentizado los pasos para su cabal implementación. También impiden su funcionamiento al marginar a instancias relevantes del sistema que justamente dotan de pesos y contrapesos para que las políticas anticorrupción sean genuinas y no una simulación. De esta forma, el espíritu original de esta estrategia ha ido perdiendo fuerza, se ha debilitado el rol que se le quería asignar, lo que ha destinado al fracaso quizá la única política pública real de combate a la corrupción, capaz de evitar dos de los usos recurrentes que se han dado en México a esa lucha: por un lado, tomarla como bandera para crear, como una estrategia cosmética, "fachadas institucionales, bonitas en el exterior, feas en el interior";[3] por otro, recurrir a ella como herramienta para acusar —en medios de comunicación o judicialmente— a políticos opositores al tiempo que se mantiene impunes a los aliados. Es cierto que ambas motivaciones pueden ejercerse a la vez, como hemos podido constatar en el recuento de hechos de capítulos anteriores. Hoy en día, esto no es diferente.

Por desgracia, es muy difícil comprobar fehacientemente si un gobierno o grupo en el poder crea instituciones anticorrupción solo como fachadas o como mecanismos para perseguir a los adversarios y encubrir a los aliados. Ver a una administración aumentar el número de funcionarios públicos (o exfuncionarios) puestos tras las rejas o estigmatizados a causa de actos de corrupción no es un indicador necesariamente plausible para apreciar el buen desempeño en la materia. Es muy difícil cuantificarlo, justamente por la falta de instituciones de procuración de justicia confiables. Presento los siguientes escenarios para ilustrar este punto:

1. El aumento de casos de corrupción judicializados se debe solo a venganzas políticas o intimidación a opositores; al mismo tiempo se investigan —seriamente— cero casos de corrup-

ción dentro del gobierno, y se protege a quienes pertenecen a él y se ven envueltos en algún escándalo frente a la opinión pública.

2. Vemos un elevado número de escándalos de corrupción presentados ante la opinión pública para desprestigiar opositores y amenazarlos de alguna manera, sin llegar a ningún tipo de judicialización formal.

3. Las denuncias por parte del gobierno en casos de corrupción al interior del mismo responden más a una competencia política entre facciones —quizá por nuevos puestos ejecutivos o cargos de elección popular—, como estrategia para debilitar grupos y refrendar a otros.

4. Se dan combinaciones de los tres escenarios.

Como mencioné, es muy difícil identificar las motivaciones de los gobiernos y los grupos de poder para enarbolar la bandera anticorrupción. Sería muy relevante poder hacerlo porque de eso depende reconocer si se construyen políticas por simulación, por venganza —y encubrimiento— o por una genuina batalla contra este problema. Solo en el último caso se puede enfrentar la corrupción de manera correcta.

Debido a ello, nos tenemos que dar a la tarea de encontrar otras formas de medir la calidad de la lucha anticorrupción en los países. Una de ellas es la que quiero exponer en este capítulo: evaluar el funcionamiento del SNA.

ORIGEN DEL SISTEMA NACIONAL ANTICORRUPCIÓN

En 2013, el presidente Enrique Peña Nieto incluyó dentro del Pacto por México (acuerdo cupular que definía las prioridades conjuntas de todos los partidos acerca de los cambios estructurales planeados para el país) las dimensiones de transparencia, rendición de cuentas y lucha anticorrupción. Eduardo Bohórquez describe en corto los acuerdos 82 a 86 del pacto en la materia:

> En el compromiso 82, las fuerzas políticas ratificaron lo aprobado en materia de contabilidad gubernamental, insistiendo en la importancia de su instrumentación. El compromiso 83 se refería a la reforma para hacer del Ifai un órgano constitucional autónomo y el 84 hablaba de los órganos estatales de acceso a la información como autónomos y colegiados.
>
> En el compromiso 85, se retoma el tema de la Comisión Nacional Anticorrupción y se habla por primera vez de un sistema nacional de comisiones estatales con el propósito de prevenir, investigar, denunciar y sancionar los actos de corrupción, poniendo particular énfasis en la cfe y Pemex.
>
> El compromiso 86 retoma una propuesta de la sociedad civil y habla de la creación de un Consejo Nacional para la Ética Pública con la participación de diversas autoridades del Estado mexicano y miembros de la sociedad civil, para dar seguimiento a las acciones concertadas contra la corrupción.[4]

La sociedad civil organizada se manifestó inconforme con el planteamiento. En los meses siguientes se avanzó en diversas reformas estructurales, prioritariamente la energética, la educativa, la fiscal, la de competitividad y la de telecomunicaciones. La agenda anticorrupción quedó sensiblemente relegada.

Como ya lo vimos, en 2014, en medio de la crisis que vivía el Estado mexicano por la desaparición de 43 estudiantes de la Escuela Normal de Ayotzinapa, Guerrero, se detonó el escándalo de la casa blanca de Peña Nieto. También salió a la luz pública un conflicto de interés similar, pero de un miembro del gabinete, Luis Videgaray, secretario de Hacienda y Crédito Público. La presión tanto de políticos de la oposición como de la opinión pública, y principalmente de varias organizaciones de la sociedad civil, obligó al gobierno a promover reformas para combatir la corrupción.

En septiembre de ese mismo año se presenta una iniciativa para crear la Comisión Nacional Anticorrupción, que nuevamente generó críticas desde la sociedad civil por ser un proyecto incompleto; la discusión provocó una modificación sustancial de la iniciativa original. En abril de 2015 finalmente se aprueba la reforma constitucional para crear el Sistema Nacional Anticorrupción. Luego pasaron cuatro años sin que se lograra la implementación cabal del mismo: los partidos políticos en el Congreso y el Poder Ejecutivo trabaron y ralentizaron las siguientes fases, de tal suerte que no hubo forma de ponerlo en marcha.

EL SISTEMA NACIONAL ANTICORRUPCIÓN

El 27 de mayo de 2015 se publicó la reforma constitucional en materia de combate a la corrupción, creando así el Sistema Nacional Anticorrupción. Se reformaron los artículos 22, 28, 41, 73, 74, 76, 79, 104, 108, 109, 113, 114, 116 y 122 constitucionales. Un año más tarde, en julio de 2016, se publicaron en el *Diario Oficial de la Federación* (*DOF*) las leyes secundarias emanadas de la reforma. Se expidieron las siguientes:

✦ Ley General del Sistema Nacional Anticorrupción
✦ Ley General del Sistema de Responsabilidades Administrativas
✦ Ley Orgánica del Tribunal Federal de Justicia Administrativa
✦ Ley de Fiscalización y Rendición de Cuentas de la Federación

Además, se reformaron la Ley Orgánica de la Procuraduría General de la República, el Código Penal Federal y la Ley Orgánica de la Administración Pública Federal.

En el artículo 113 constitucional se establece que el Sistema Nacional Anticorrupción "es la instancia de coordinación entre las autoridades de todos los órdenes de gobierno competentes en la prevención, detección y sanción de responsabilidades administrativas y hechos de corrupción, así como en la fiscalización y control de los recursos públicos". Por su parte, el artículo 6 de la Ley General del Sistema Nacional Anticorrupción define su objetivo de "establecer principios, bases generales, políticas públicas y procedimientos para la coordinación entre las autoridades de todos los órdenes de gobierno en la prevención, detección y sanción de faltas administrativas y hechos de corrupción, así como en la fiscalización y control de recursos públicos. Es una instancia cuya finalidad es establecer, articular y evaluar la política en la materia".

Viridiana Ríos y Max Kaiser explican que la propuesta original de contar con una Comisión Nacional Anticorrupción —una forma de ACA— tenía el problema de ser una estructura centralizada; el sistema finalmente aprobado se diferencia en que aglutina de manera coordinada los esfuerzos de combate a la corrupción.[5] Entre las más importantes críticas esgrimidas estaba aquella de que la Comisión Nacional Anticorrupción sería una entidad jerárquica incapaz de coordinar esfuerzos entre las diversas entidades federales y estatales que ya contaban con facultades para auditar las acciones de los funcionarios públicos, y que carecería de autonomía respecto de otras ramas del poder.[6] Para los autores, "no existen experiencias internacionales creíbles en las que una sola institución haya sido capaz de controlar el problema completo de la corrupción".[7] El debate en los ámbitos académico y de políticas públicas sobre la idoneidad de las agencias anticorrupción —como la propuesta en México inicialmente— se refiere a si son efectivas para encarar la corrupción, y aún sigue suscitándose; no hay una respuesta unificada. Sin duda ha habido amargas experiencias fallidas de organismos anticorrupción en muchos países, y estos esfuerzos fracasados dieron la pauta para que una amplia oposición en México demandara una solución diferente, materializada en el SNA.

En el mismo ensayo, los autores hacen un recuento del logro monumental del colectivo de organizaciones que acopió 630 mil firmas para respaldar la iniciativa ciudadana de discutir los aspectos que debían abordar las leyes secundarias. La propuesta para obtener de los funcionarios la famosa "declaración 3 de 3" se presentó en abril de 2016, lo cual fue la base de la discusión legislativa para arribar al SNA.[8]

La principal diferencia entre una agencia anticorrupción y el SNA mexicano es que, mientras la primera debe conformarse como una estructura centralizada, el segundo fue creado como un ecosistema cooperativo y colaborativo de agencias e instituciones.

Existe una miríada de instituciones involucradas directamente en el SNA (Fig. 1). Todas ellas convergen en el Comité Coordinador

Figura 1. *Estructura del Sistema Nacional Anticorrupción en México*

—una de las agencias creadas exprofeso con la reforma—, encargado de establecer los mecanismos de coordinación entre los miembros del sistema; compuesto por representantes del más alto nivel jerárquico, diseña, promueve y evalúa políticas públicas para combatir la corrupción. Además de instituciones pertenecientes a los tres Poderes de la Unión, la reforma contempló un Comité de Participación Ciudadana (CPC), fundamental no solo como herramienta para promover el desempeño correcto y eficiente del SNA en su conjunto, sino también como un estricto y privilegiado vigilante, lo que fomenta el buen funcionamiento de los pesos y contrapesos entre las instituciones participantes.

El SNA reúne, como podemos ver, a instituciones ya existentes como la Secretaría de la Función Pública, el Consejo de la Judicatura Federal, el Tribunal de Justicia Fiscal y Administrativa, el Inai y la Auditoría Superior de la Federación. Además de las agencias creadas con la reforma, también se establecieron la Secretaría Ejecutiva del Comité Coordinador, la Fiscalía Especializada de Combate a la Corrupción —inscrita en la estructura de la Fiscalía General de la República (FGR)— y la Comisión de Selección. En contraste con estrategias adoptadas por otros países (incluso aquellas que han probado ser exitosas, como son los casos de Hong Kong y Guatemala), el SNA tiene dos axiomas fundamentales que deben ser cabalmente implementados y sistemáticamente cumplidos:

✦ Las agencias e instituciones colaboran entre sí.
✦ Las agencias ejercen pesos y contrapesos respecto de las demás.

Sin ambos, el sistema no funciona.

La institucionalización del SNA es el primer paso hacia una política anticorrupción con la suficiente fuerza para enfrentar el problema, que hoy en día es de dimensiones inauditas. La mayoría de los esfuerzos que hacen los países en ese sentido fracasan desde el principio porque no logran siquiera implementar las políticas (o reformas) creadas.

La normalización del funcionamiento del SNA parte de que se cumplan ambos axiomas: las instancias que lo conforman deben colaborar y coordinarse entre sí, y ejercer los debidos pesos y contrapesos. Si esto ocurre cotidianamente, entonces podemos sugerir que se encamina a la institucionalización. La efectividad de las acciones y decisiones en la lucha contra la corrupción se basan en dicha institucionalización, es decir, en los resultados que entregue de manera integral y no cada una de las partes que lo componen; *interacción* es el atributo clave en su desempeño. "La sinergia que se genera por la interacción es la clave de un sistema. Y esa sinergia se crea en la acción, en el día a día, en la integración, cooperación, coordinación de sus elementos."[9] Lograr esto no es fácil, al contrario: muchos factores pueden llevarlo a la no institucionalización, incluso externos al propio modelo. Como ha escrito Daniel Arellano: "[U]na cosa es cierta: el SNA va a ser resistido, atacado, boicoteado por la lógica sistémica de la corrupción del sistema político mexicano".[10] En muchas ocasiones, las razones por las que puede fracasar un esfuerzo como este —o el de las agencias anticorrupción— es la resistencia de facciones contrarias al éxito del sistema: pueden pertenecer al grupo en el poder, ciertas oposiciones, el sector privado, entre otras. El ataque puede ser frontal, reduciéndole presupuesto, minimizando su valía, criticando sus decisiones; también puede manifestarse por medio del desdén, ignorando su desempeño, impidiendo su involucramiento.

A continuación analizaré lo que ha sucedido en estos años de existencia del SNA en cuanto a su implementación e institucionalización. Primero mostraré que el proceso de implementación ha sido más que tortuoso, tanto en el sexenio de Enrique Peña Nieto como en el de Andrés Manuel López Obrador. Más adelante retomaré dos escándalos de corrupción, de los más visibles en la opinión pública, para poner a prueba los axiomas de institucionalización del sistema. Con ello ilustraré que el sistema no ha funcionado efectivamente pues no existe colaboración, coordinación, ni se ejercen efectivamente los pesos y contrapesos establecidos en la reforma.

LA IMPLEMENTACIÓN DE LA REFORMA
ANTICORRUPCIÓN Y EL SNA

La reforma constitucional del Sistema Nacional Anticorrupción define las leyes e instituciones que deben crearse para contar con el entramado necesario que le permita funcionar adecuadamente; también se establecen ciertos cargos, cuyos ocupantes deben elegirse. Publicada el 27 de mayo de 2015, lo mismo ocurre un año más tarde, el 18 de julio de 2016, con las leyes reglamentarias a nivel federal. Pero hoy en día aún no se han creado todas las instituciones ni se han definido todos los cargos que requiere: la ralentización en su implementación se debe a la decisión de los partidos políticos y sus representaciones en los congresos, las gubernaturas y el Poder Ejecutivo federal.

A nivel federal, además de la vigencia de todas las leyes reglamentarias necesarias, se ha instalado el Comité de Participación Ciudadana, compuesto por cinco representantes de la sociedad civil organizada y del Comité Coordinador. Ambas instancias sesionan regularmente; sin embargo, hasta hoy el Senado de la República ha impedido los nombramientos de los 16 magistrados de la Sala Superior del Tribunal Federal de Justicia Administrativa. Sin esta pieza clave, el sistema en general no funciona. El tribunal cuenta con plena autonomía y sus responsabilidades son "dirimir las controversias que se susciten entre la administración pública federal y los particulares" e "imponer las sanciones a los servidores públicos por las responsabilidades administrativas que la ley determine como graves y a los particulares que participen en actos vinculados con dichas responsabilidades, así como fincar a los responsables el pago de las indemnizaciones y sanciones pecuniarias que deriven de los daños y perjuicios que afecten a la Hacienda Pública Federal o al patrimonio de los entes públicos federales".[11] Lo integra la mencionada Sala Superior, además de la Junta de Gobierno y Administración y las Salas Regionales.

Llevamos varios años de ver que el procedimiento para la designación de los magistrados es bloqueado, junto con manifestaciones públicas de rechazo a la conformación de las salas del tribunal; también se ha configurado una aparente dinámica de simulación. El 24 de abril de 2017, Peña Nieto propuso al Senado una lista de 18 candidatos a magistrados: lo hizo casi en el límite del plazo señalado por el artículo quinto transitorio del decreto de las leyes anticorrupción, que contemplaba el periodo de sesiones que culminaba el 30 de abril. El CPC cuestionó al presidente no haber explicado el procedimiento de selección, ni tampoco los criterios y argumentos para la idoneidad de las personas propuestas, y el Senado congeló por el resto de la legislatura la aprobación. No hay forma de conocer las motivaciones del presidente para remitirla: es posible que haya sido genuina la intención de Peña Nieto de dar vida al tribunal, pero también que la enviara solo como una forma de simulación, sabiendo que el Congreso la archivaría. Al final el resultado fue uno: el proceso quedó trunco, contraviniendo la Constitución. El CPC nuevamente presionó para conformar el tribunal, en este caso por medio de un juicio de amparo contra la Cámara de Senadores —presentado el 9 de mayo de 2018— en el que "se reclama la omisión en el cumplimiento de la obligación constitucional a su cargo de aprobar —o en su caso rechazar— a los magistrados anticorrupción, nombrados por el Ejecutivo federal".[12] El sexenio de Enrique Peña Nieto terminó y el tribunal seguía incompleto.

En septiembre de 2018 llegaron nuevos senadores a una legislatura con mayoría de representantes de Morena, el partido del actual presidente, López Obrador. Tampoco aprobaron o rechazaron la propuesta en el primer año de la legislatura. Derivado del amparo promovido por el CPC un año antes y en virtud de la omisión del Senado, el 14 de abril de 2019 el Décimo Tribunal Colegiado en Materia Administrativa del Primer Circuito emitió una sentencia en la que se obligaba a continuar con el proceso de designación de los magistrados "observando puntualmente los lineamientos y las directrices establecidas".[13]

La respuesta del coordinador del grupo parlamentario de Morena, Ricardo Monreal, fue de desdén y desacato. Por un lado, dijo que el SNA no funcionó y que fue una "iniciativa con mucha burocracia"; por el otro, contravino la Constitución y la sentencia del Poder Judicial, pues dijo que no habrá nombramiento de los 18 magistrados del Tribunal Federal de Justicia Administrativa.[14] Además de ignorar sus obligaciones y menospreciar la reforma anticorrupción completa, quiso proponer una sala anticorrupción en la Suprema Corte de Justicia de la Nación. Al recibir críticas y cuestionamientos sobre este planteamiento, se diluyó y no ha sido retomado nuevamente. Finalmente, el Senado debió "llevar a cabo las comparecencias de los candidatos [a magistrados del tribunal], ponderar y determinar si reúnen el perfil idóneo para ocupar y ejercer el cargo",[15] como lo ordenó el Poder Judicial. De los 18 candidatos, 13 declinaron participar en el proceso, uno más no se presentó a la comparecencia, y los cinco restantes fueron rechazados; la propuesta fue devuelta al presidente.

Más tarde, en noviembre de 2019, López Obrador envió una lista de tres candidatos para conformar la Sección Tercera de la Sala Superior del tribunal, la que posee competencia en responsabilidades administrativas[16] y "contará con Salas Especializadas" en la materia, "que le estarán adscritas para imponer las sanciones a los servidores públicos por las responsabilidades administrativas que la ley determine como graves y a los particulares que participen en actos vinculados con dichas responsabilidades, así como fincar a los responsables el pago de las indemnizaciones y sanciones pecuniarias que deriven de los daños y perjuicios que afecten a la Hacienda Pública Federal o al patrimonio de los entes públicos federales".[17] El presidente López Obrador argumentó —en su oficio enviado al Senado con las candidaturas— que existe una "necesidad urgente" de conformar la Sección Tercera para luego "poder evaluar y proponer correctamente a los 15 magistrados del Sistema Nacional Anticorrupción".[18] Unos meses más tarde, el 20 de febrero de 2020, el Senado rechaza una vez más las designaciones propuestas. Movimiento Ciudadano, partido de oposición a Morena, estuvo en desacuerdo al rechazo, aduciendo que el acuerdo para devolver la propuesta al presidente carecía de justificación técnica y legal, además de que no se llevaron a cabo las evaluaciones debidas, como la entrevista a los candidatos.

La obstrucción para establecer una de las piezas clave del SNA puede tener diversas causas —intereses políticos facciosos, desdén por el instrumento, desdén por la lucha anticorrupción, desacuerdo genuino por los perfiles de los magistrados propuestos, negociaciones fallidas o simplemente simulación— y un solo corolario.

Cada vez que se requiere, miembros de la clase política mexicana se muestran reacios a cumplir con el mandato constitucional de institucionalizar el SNA. Llevamos cinco años viendo aplazada su cabal conformación.

Un caso más. El SNA requiere, a nivel federal, contar con una Comisión de Selección de los miembros del Comité de Participación Ciudadana, compuesto por nueve personas elegidas por el Senado. En lo que va de la legislatura actual se ha convocado a reunión de la Comisión Anticorrupción del Senado en dos ocasiones para entrevistar a candidatos para ocupar dos de los nueve espacios necesarios para que la Comisión de Selección esté completa: en ambas ocasiones la falta de cuórum impidió sesionar. Falta de interés o boicot, la motivación es irrelevante; lo importante es que los obstáculos ralentizan la instauración de un sistema que basa su desempeño y éxito en todas sus partes.

A nivel estatal, la Constitución prevé la armonización de las leyes, por lo que se deben expedir o reformar las siguientes normas:

+ Constitución local
+ Ley estatal anticorrupción
+ Ley orgánica de la administración pública estatal
+ Ley de fiscalización y rendición de cuentas estatal
+ Ley orgánica de la fiscalía general estatal
+ Ley orgánica del tribunal estatal de justicia administrativa
+ Código penal estatal
+ Ley de responsabilidades administrativas del estado

El plazo para llevarlo a cabo terminó el 18 de julio de 2017. Sin embargo, hasta 2020 aún había entidades federativas que no lo han hecho.

Para marzo de 2020, prácticamente todas las entidades federativas habían hecho esta actualización legal excepto la Ciudad de México, que aún debía aprobar la ley de la fiscalía especial, y Nuevo León, pendiente aún de crear la ley de fiscalización y rendición de cuentas.

Además, se deben crear las instancias que den vida a los sistemas locales anticorrupción. En el siguiente cuadro podemos observar qué instancias son y en qué estados ya se ha hecho:

	Comisión de Selección	Comité de Participación Ciudadana	Fiscalía Especializada de Combate a la Corrupción	Magistrados en Responsabilidades Administrativas	Comité Coordinador	Secretaría Ejecutiva
Aguascalientes						
Baja California						
BCS			No			
Campeche			No			
Chiapas					No	No
Chihuahua						
CDMX	No	No	No		No	No
Coahuila						
Colima						
Durango						
Guanajuato						
Guerrero						
Hidalgo						
Jalisco						
Edomex						
Michoacán						

	Comisión de selección	Comité de Participación Ciudadana	Fiscalía Especializado en combate a la corrupción	Magistrados en responsabilidades administrativas	Comité Coordinador	Secretaría Ejecutiva
Morelos						No
Nayarit						
Nuevo León						
Oaxaca						
Puebla						
Querétaro						
Quintana Roo						
SLP						No
Sinaloa						
Sonora						
Tabasco						
Tamaulipas						
Tlaxcala						
Veracruz						
Yucatán						
Zacatecas						

Como vemos, 6 de las 32 entidades federativas no han creado el entramado completo para el funcionamiento del sistema. Destaca la Ciudad de México, que solo ha designado a los magistrados en responsabilidades administrativas. Tres no han designado al fiscal anticorrupción, dos aún requieren instalar el Comité Coordinador, y cuatro, crear la Secretaría Ejecutiva.

Finalmente, quiero referirme a una de las herramientas que mandata la ley para ser desarrolladas y de la que al día de hoy solo se tiene una "versión beta", de prueba: la Plataforma Digital Nacional. Eber Betanzos Torres la describe como administrada por la Secretaría Ejecutiva, por conducto del secretario técnico, y se establece como medio de apoyo para el Comité Coordinador en su tarea de establecer políticas integrales, metodologías de medición y aprobación de indicadores de evaluación.[19] En el sitio de internet de la plataforma, versión beta 0.6, se enumeran sus funciones:

+ Analizar, predecir y alertar a las autoridades sobre posibles riesgos de corrupción.

+ Automatizar procesos, evitar discrecionalidad, colusión y conflicto de interés.

+ Promover el uso de los datos para respaldar sanciones y como evidencia para combatir la impunidad.

+ Dar seguimiento, en tiempo real, a los procesos y proyectos de contratación pública, asegurar el cumplimiento de sus objetivos y garantizar una mayor eficiencia en las compras públicas.

+ Apoyar la participación ciudadana, poniendo al ciudadano al centro del combate a la corrupción.

+ Incorporar información sobre indicadores para evaluar la Política Nacional Anticorrupción y el fenómeno en México.

+ Dar evidencia para generar recomendaciones de política pública a las autoridades del Sistema Nacional Anticorrupción.

La plataforma debe estar conformada por al menos seis sistemas:

+ Sistema de evolución patrimonial, de declaración de intereses y constancia de presentación de declaración fiscal;

+ Sistema de los servidores públicos que intervengan en procedimientos de contrataciones públicas;

+ Sistema nacional de servidores públicos y particulares sancionados;

- ✦ Sistema de información y comunicación del Sistema Nacional y del Sistema Nacional de Fiscalización;
- ✦ Sistema de denuncias públicas de faltas administrativas y hechos de corrupción, y
- ✦ Sistema de Información Pública de Contrataciones.[20]

La plataforma pública en internet no cuenta con todos los sistemas listos; solo en tres se utilizan datos reales.

Aun cuando la plataforma es la principal herramienta de información que tendrán a su disposición las instancias que conforman el sistema, además de ser el canal de transparencia por antonomasia de la estrategia anticorrupción del Estado mexicano, y aun cuando lo establece la ley, no se ha terminado de desarrollar.

EL SISTEMA NACIONAL ANTICORRUPCIÓN FRENTE A CASOS PROMINENTES DE CORRUPCIÓN

Hemos visto cómo se ha ralentizado la implementación del SNA, y en gran medida se debe a obstáculos alevosos de quienes, desde el poder, se niegan a permitir su cabal institucionalización. El expresidente Peña Nieto lo creó por presión de la sociedad civil y la oposición, pero poco le interesó su institucionalización; simuló para acallar las voces contra su gobierno corrupto. Como mandatario, Andrés Manuel López Obrador ha ignorado no solo su implementación, sino también su institucionalización. Actores políticos relevantes, como el más visible del Senado mexicano en esta legislatura, Ricardo Monreal, han insistido una y otra vez que el sistema no ha funcionado porque no ha habido un solo caso en que se haya involucrado.[21] Esta aseveración es una trampa. Como mostraré a continuación, el SNA no ha dado resultados porque se ha obstaculizado o desdeñado su proceso de institucionalización, es decir, la capacidad de todas las instancias de coordinarse, colaborar y ejercer pesos y contrapesos.

El siguiente apartado es una revisión de la forma en la que las instancias del sistema han interactuado en un emblemático escándalo de corrupción en los años de vigencia de las reformas anticorrupción y el SNA: los sobornos de Odebrecht; y al abordar lo que va del sexenio de López Obrador veremos cómo se manejó el caso de Manuel Bartlett. En ambos se verá que el SNA no ha sido el espacio de colaboración, cooperación y de ejercicio de pesos y contrapesos para combatir casos graves de corrupción, lo que impide, como he mencionado, su cabal institucionalización. El involucramiento del sistema se encuentra contemplado en sus atribuciones, pues es la instancia "de coordinación entre las autoridades de todos los órdenes de gobierno competentes en la prevención, detección y sanción de responsabilidades administrativas y hechos de corrupción, así como en la fiscalización y control de recursos públicos".[22]

EL CASO ODEBRECHT

Odebrecht es una empresa importante de origen brasileño dentro de una red de crimen organizado del tipo "de cuello blanco", que precisamente es mucho más amplia en aquel país. El escándalo al que se le vincula se conoce como Operación Lava Jato (u Operación Autolavado, en español), uno de los más grandes casos jamás abiertos en materia de corrupción en el mundo. ¿Por qué el *affair* Odebrecht resultó tan peculiar y estruendoso?

En Brasil, los delitos de Odebrecht forman parte de un escándalo mayor originado entre la empresa estatal Petróleo Brasileiro (Petrobras) y un grupo de proveedores de productos y servicios en el sector energético. En otros países de Latinomérica y África, Odebrecht llevó a cabo una estrategia de sobornos para obtener contratos. Dedicada al sector de la construcción, la compañía es una de las más grandes del mundo; hace más de 15 años comenzó a sobornar a oficiales de gobierno del más alto nivel en América Latina. De hecho, de las pesquisas realizadas por el Poder Judicial en Brasil se dio a conocer que, dentro de la estructura corporativa, existía una oficina paralela dedicada exclusivamente a obtener contratos de manera ilegal, comprando a burocracias extranjeras.

En 2014 el juez Sergio Moro, después ministro de Justicia y Seguridad Pública del gobierno de Jair Bolsonaro, comenzó a ventilar lo sucedido. En junio de 2015 detienen a Marcelo Odebrecht, quien negoció con las autoridades para modificar su condena a cambio de su testimonio; con esto se logró determinar el tamaño de los sobornos, a quiénes fueron entregados y de qué países se trataba. En total, la empresa desembolsó para la compra de funcionarios públicos 788 millones de dólares.

País	Monto del soborno (millones de dólares)	Existencia de sanciones
Brasil	349	Sí
Venezuela	98	No
República Dominicana	92	Sí
Panamá	59	Sí
Angola	50	Sí
Argentina	35	Sí
Ecuador	33.5	Sí
Perú	29	Sí
Guatemala	18	Sí
Colombia	11	Sí
México	10.5	Sí
Mozambique	0.9	Sí

Desde que se reveló dicha confesión, se llevaron a cabo procesos penales en la mayoría de los países involucrados. Los medios han sido claves para que el caso expuesto en Brasil tenga impacto en cada lugar. De los expedientes abiertos, varias naciones lograron sentenciar a servidores públicos del más alto nivel, y en otros casos los obligaron a dimitir de sus funciones:

En Perú, el presidente Pedro Pablo Kuczynski renunció a su cargo. Su predecesor, Ollanta Humala, fue detenido. Más recientemente, el expresidente Alan García (electo en dos ocasiones, de 1985 a 1990 y de 2006 a 2011) se suicidó el 17 de abril de 2019, en vísperas de su detención, en un hecho que conmocionó al mundo entero, particularmente por su reputación como uno de los principales líderes sociales peruanos en su historia.

En Ecuador, la Corte Nacional ha sentenciado a prisión al exvicepresidente Jorge Glas.

En Brasil, las proporciones y efectos del caso son gigantescos: el expresidente Luiz Inácio Lula da Silva, figura emblemática de la izquierda latinoamericana en los últimos años, fue condenado a más de 12 años de prisión, de los cuales cumplió solo 580 días. Marcelo Odebrecht y 76 funcionarios de Odebrecht se encuentran en la cárcel. Los sucesores de Lula en la presidencia, Dilma Rousseff y Michel Temer, se encuentran bajo la lupa por su participación en dichos actos de corrupción.

En República Dominicana, 12 servidores públicos fueron encarcelados, incluido el exministro de Comercio, Temístocles Montás, posteriormente liberado.

En Panamá, la resolución judicial ha implicado sanciones a Odebrecht por los siguientes años. Nadie ha sido detenido y enjuiciado, aun cuando se investiga a 80 personas por su probable involucramiento.

En Argentina se procesó a 26 servidores públicos, la mayoría miembros del gobierno de Cristina Fernández de Kirchner. La investigación sigue abierta y se contempla que serán más y de muy alto nivel los funcionarios señalados por representantes de Odebrecht en sus testimonios.

En Guatemala, para 2018 se había detenido a Juan Arturo Jegerlehner Morales, concuño del exministro de Comunicaciones, Alejandro Sinibaldi, principal sospechoso de liderar la red de corrupción. También, en enero de ese año la justicia de Estados Unidos arrestó a Manuel Baldizón, excandidato a la presidencia.

En Colombia, Gabriel García Morales, director del Instituto de Concesiones en el gobierno de Álvaro Uribe, fue el primer convicto por el escándalo. José Elías Melo, presidente de Corficolombiana, fue sentenciado en 2019 a más de 11 años en prisión.

Retomo el caso de México. El 21 de diciembre de 2016, el Departamento de Justicia de Estados Unidos, al desvelar la investigación del caso Odebrecht, señaló que la empresa era culpable de haber pagado 10.5 millones de dólares en sobornos a funcionarios de Pemex, los que se entregaron en el periodo de 2010 a 2014. No es sino hasta 2017 que la entonces Procuraduría General de la República inicia las investigaciones pertinentes. Más tarde, la nueva Fiscalía General de la República continúa las indagatorias y en julio de 2019 obtiene una orden de aprehensión contra Emilio Lozoya Austin, exdirector general de Pemex, previamente coordinador de asuntos internacionales de la campaña de Enrique Peña Nieto a la presidencia, y cuatro de sus familiares.

A partir de esto, quiero analizar el rol que ha jugado el sna en el proceso de investigación y judicialización de uno de los casos más impactantes de corrupción en México. En teoría deberíamos esperar que las instancias que lo conforman sean las que, de manera coordinada, en colaboración, lleven a cabo las diligencias necesarias, la averiguación conducente y el proceso penal conforme a la ley; para ello es útil observar las acciones e interacciones de las siete instancias y el Comité Coordinador.

Atraído primero por la pgr, y después por la fgr, desde que se abrió la carpeta de investigación en 2017 no ha permitido que ninguna instancia del sna se involucre de manera exitosa. Al contrario, ha sido renuente a coordinarse y colaborar con el Comité Coordinador, el de Participación Ciudadana y con el Inai en reiteradas ocasiones.

Cuando se instala el Comité Coordinador del SNA el 4 de abril de 2017, su entonces presidenta, Jacqueline Peschard, apuntó: "Es necesario darle prioridad a la acción coordinada sobre los casos de corrupción que ya están bajo investigación para asegurar que cada autoridad desarrolle la función que le corresponde, con objeto de que pronto tengamos resultados que desemboquen en sanciones que inhiban futuros hechos de corrupción". El de la empresa brasileña Odebrecht, de alcance global, es un ejemplo de lo anterior, en particular porque se trata de un delito confeso.[23]

El entonces titular de la PGR, Raúl Cervantes Andrade, estuvo presente en dicha sesión, debido a que en aquellos días aún no se designaba a quien encabezaría la Fiscalía Especializada de Combate a la Corrupción. Al parecer poco o nada quiso escuchar, pues su actitud fue desdeñar la "acción coordinada" propuesta por la presidenta Peschard.

El 15 de diciembre de 2017 el Comité de Participación Ciudadana, compuesto por representantes de la sociedad civil, pidió al Comité Coordinador exhortar públicamente a la PGR para que: *a)* "informe cuál es el estatus de la investigación, es decir, si está abierta o cerrada y, en caso de estar abierta, en qué etapa se encuentra y en cuánto tiempo se calcula llegar al cierre del caso, y *b)* mantenga informado al Comité Coordinador y a la ciudadanía sobre los principales avances del caso, así como las acciones que está tomando, sin revelar información que ponga en riesgo el curso de la investigación".[24] Esta medida se tomó porque anteriormente la presidenta del CPC había solicitado información directamente al encargado de despacho de la PGR y no obtuvo respuesta alguna. En la primera sesión ordinaria de 2018 del Comité Coordinador, celebrada el 15 de enero, se aprobó el exhorto; el cuórum no contó con la asistencia de ningún representante de la PGR. El 2 de febrero se envió el oficio desde la Secretaría Ejecutiva del SNA a la PGR en los siguientes términos:

1. En qué estado procesal se encuentra la investigación del "caso Odebrecht", cuyas investigaciones realiza la Procuraduría General de la República dentro de la carpeta de investigación número FED/SEIDF/CGICDMX/0000117/2017;
2. Si la investigación sigue abierta, que indique el tiempo aproximado para concluirla; y,
3. Si la investigación ya fue concluida, informe el trámite legal que se dio a la indagatoria.

Se aclara que no se requieren datos personales o información que pueda poner en riesgo el curso de las investigaciones.[25]

La PGR negó la información, argumentando que "Con fundamento en el artículo 218 del Código Nacional de Procedimientos Penales [...] la información y actuaciones que integran la investigación en comento es de carácter estrictamente reservado, por lo que únicamente la víctima u ofendido y su asesor jurídico, en los términos previstos en este dispositivo legal, pueden tener acceso a ella".[26] En estricto sentido, en esos momentos aún no se había designado al titular de la Fiscalía Especializada de Combate a la Corrupción, por lo que no entraban en vigencia aún las reformas al Código Penal Federal de 2016, que formaban parte del paquete de reformas anticorrupción. Sin embargo, una vez que se designó a María de la Luz Mijangos como primera fiscal anticorrupción, el 12 de febrero de 2019, la FGR siguió negando información a petición de instancias del SNA.

Con la transición en la Presidencia de la República, y de la PGR a la FGR, el pleno del SNA no ha vuelto a abordar entre los temas de sus sesiones el caso Odebrecht. El Inai tampoco pudo interactuar de manera fluida y coordinada con la PGR/FGR.

El medio de noticias digital mexicano *Animal Político* solicitó a la PGR, en 2018, "el listado de funcionarios públicos indagados por el caso de Odebrecht".[27] La información les fue negada. Tras un recurso de revisión ante el Inai, se resolvió obligar a la PGR a entregarla: esto sucedió a finales de 2018. La PGR se transformó en FGR al año siguiente, y al día de hoy se ha negado a hacerlo. El Inai ordenó entonces a la FGR que proporcionara la información derivado de una modificación en los criterios, pues el nombramiento de la fiscal daba vigencia a las reformas anticorrupción del Código Penal Federal, con lo que deben hacerse transparentes los casos que se investigan de delitos de corrupción. La respuesta siguió siendo la misma: la opacidad. Para el caso de la FGR (en contraste con la extinta PGR), por ley no puede esconder información, pues al entrar en vigor las reformas al Código Penal Federal, también lo hizo el artículo 112 de la Ley Federal de Transparencia y Acceso a la Información Pública (LFTAIP): "No podrá invocarse el carácter de reservado cuando: [...] II. Se trate de información relacionada con actos de corrupción de acuerdo con las leyes aplicables".[28] En junio de 2019, el Inai incluso amenazó con aplicar sanciones si en un plazo de cinco días la FGR no informaba sobre el caso. Nada hasta hoy.

La interacción entre la FGR y la Fiscalía Especializada de Combate a la Corrupción es uno de los asuntos del SNA que menos sentido tienen, o, al contrario, dan una señal más clara de que el SNA no ha comenzado siquiera su proceso de institucionalización. Una vez designada la fiscal, se asume que ella debía atraer los casos sobre corrupción; sin embargo, el caso Odebrecht siguió siendo conducido por la oficina del fiscal general de la República, Alejandro Gertz Manero: incluso, se le otorga a él la orden de aprehensión y, una vez detenido Emilio Lozoya en España, también lleva a cabo la solicitud de extradición. La fiscal, al parecer, no ha sido involucrada en dicha investigación.

Como mencioné, la orden de aprehensión se giró en julio de 2019. Desgraciadamente, el Poder Judicial, encargado de otorgarla, aún tiene inoperante el Tribunal Federal de Justicia Administrativa: los magistrados sin designar son piezas fundamentales para hacer justicia en casos de corrupción. Sobra decir que la interacción fue nula.

El único caso de interacción exitosa con la FGR es el de la Auditoría Superior de la Federación, la que ha generado información y se la ha entregado para robustecer la investigación; sin embargo, esta debería ser con la Fiscalía Especializada, no con la FGR, que no es una instancia que forme parte del SNA. Para propósitos de este análisis la consideré así porque una parte fundamental se llevó a cabo cuando aún no se designaba a la fiscal y la PGR formaba parte del pleno del SNA.

Involucramiento e interacción de instancias
del SNA en el caso Odebrecht

Instancia del SNA	Involucramiento (sí / no)	Interacción (exitosa / fallida / inexistente)
Comité Coordinador	Sí	Fallida
Comité de Participación Ciudadana	Sí	Fallida
Inai	Sí	Fallida
Fiscalía Especializada de Combate a la Corrupción	No se conoce	No se conoce
Tribunal Federal de Justicia Administrativa	No	Inexistente
Auditoría Superior de la Federación	Sí	Exitosa
Consejo de la Judicatura Federal	No	Inexistente

Como podemos ver, el SNA no ha tenido prácticamente un rol central en la "acción coordinada" que buscaba promover Jacqueline Peschard desde un inicio.

5

Segundo acto: la "Cuarta Transformación" de la vida pública del país. El gobierno de Andrés Manuel López Obrador

> *Si el presidente es corrupto, los gobernadores van a ser corruptos, lo mismo los presidentes municipales. Si el presidente es honesto, van a tener que ser honestos los gobernadores, los presidentes municipales. Sea quien sea, no se le va a permitir la corrupción.*
> ANDRÉS MANUEL LÓPEZ OBRADOR

LA 4T: ¿EL PUNTO DE INFLEXIÓN?

En el segundo libro del cervantino *Don Quijote de la Mancha*, Sancho Panza dice con solemnidad que cuando se trata de cierto tipo de asunto de gobierno, todo depende del comienzo. Andrés Manuel López Obrador representa la más reciente voluntad de transformar a México, y justamente se encuentra al principio; dependerá por completo de estos primeros años determinar si nos encontramos frente a la histórica mudanza de un gobierno corrupto a uno honesto, o simplemente acudimos a la representación más actual del recurrente gatopardismo y su incesante lucha por detentar el poder por el poder mismo, y las oportunidades de corrupción que de él emanan. En la visión de Fernand Braudel de la *longue durée* de la historia, es muy, pero muy temprano para tener alguna conclusión sobre si ha habido en efecto un cambio de régimen y la corrupción ha sido extirpada por completo. A más de tres años de la toma de posesión del actual titular del Poder Ejecutivo, respaldado por un movimiento político aplastante y un apabullante apoyo popular que se reflejó en las urnas, no hay forma de aventurarse a esgrimir aún corolarios de su éxito o fracaso. No me importa condenar a nadie —entiendo perfectamente que, en el fondo, el debate sin matices que se da en la opinión publicada y en las redes sociales tiene un propósito eminentemente de incidencia política—, pero estoy convencido de que es absolutamente irresponsable como politólogo, analista, científico social, filósofo, historiador, abogado o sociólogo, concluir en 2021 que la "4T" instauró un gobierno honesto o que, por el contrario, simplemente acomodó un nuevo grupo de poder en el tablero.

Aunque me interesa la historia en su largo aliento, Sancho Panza nos da una gran lección de vida: en asuntos seminales de gobierno, el comienzo define una ración de lo que depara el futuro. A más de tres años de administración, se observan actitudes inerciales de usar la corrupción como antes: como escudo y espada políticos. La venganza contra los adversarios, y la coartada hacia los aliados. Si la inercia se mantiene, seguramente veremos la normalización de la corrupción una vez más. Por otro lado, también se observan, como mostré en el capítulo anterior, tanto ataques como desdenes al único instrumento legal que tenemos actualmente para combatirla: el SNA. Si se inutiliza este sistema y no se sustituye por algún recurso mejor, será difícil cumplir cualquier propósito genuino de luchar contra la corrupción.

El 1 de julio de 2018, a las 8 de la noche, el candidato a la Presidencia de la República de la coalición Todos por México —que agrupaba al PRI, Panal y PVEM—, José Antonio Meade Kuribreña, admitía su derrota ante decenas de militantes priistas y las cámaras que replicaban su mensaje a millones de mexicanos. Fue el primero en hacerlo; lo seguiría Ricardo Anaya, de la coalición Por México al Frente, y el propio presidente Peña Nieto. No había espacio para reaccionar de forma distinta. La abrumadora victoria del aspirante de la coalición Juntos Haremos Historia, líder moral de Morena y adalid de la llamada "izquierda mexicana", Andrés Manuel López Obrador, significó una jornada electoral y un proceso posterior sin mayores aspavientos. Con una participación de 66.4% del padrón de votantes, López Obrador obtuvo 53.19% de los votos, más del doble que su más cercano competidor. En total, recibió 30 millones 113 mil 483 votos, una cifra que no se había dado en los poco más de 20 años que el país tiene como democracia electoral más o menos competitiva.

Inmediatamente después de la victoria, el presidente electo comenzó a trabajar en el proceso de transición como si no existiera un mañana. Los días pasaron mientras él y su equipo se apoderaban del espacio político y mediático, al tiempo que Enrique Peña Nieto y su gabinete se diluían en el olvido. La administración saliente claudicó en varias de las responsabilidades que le correspondían. Un par de meses después, en agosto, el presidente electo realizó una gira para agradecer a los ciudadanos el apoyo masivo con sus votos. Como era de esperar, en ella retomó sus promesas de campaña y delineaba proyectos del futuro gobierno; de manera heterodoxa, comenzó a gobernar de facto.

No cabe la menor duda de que López Obrador ganó, entre otros factores, porque enarboló el argumento de que cualquier fenómeno social y político, cualquier problema por resolver y cualquier otra narrativa de campaña confluían en un punto: la corrupción. En todos los debates televisados entre candidatos presidenciales, en las plazas públicas alrededor del país, el abanderado de Morena no titubeaba un momento en señalar los actos de corrupción como origen de la inseguridad, la desigualdad, la pobreza, la migración, la falta de crecimiento económico. En su origen, todo acto gubernamental era un acto de corrupción que detonaba los principales lastres del país. El diagnóstico era parsimonioso, simple, y eximía al postulante de presentar pruebas y evidenciar sus dichos. La realidad era tan abrumadora al respecto que no había forma de contrarrestar ese discurso; peor aún, sus contrincantes más cercanos se encontraban de una u otra manera involucrados en escándalos de corrupción. Ricardo Anaya se vio agraviado una y otra vez por presunto lavado de dinero, cometido en su natal ciudad de Querétaro: el candidato proveniente del PAN y aglutinador de una extraña coalición con el PRD y Movimiento Ciudadano sufrió una campaña en su contra desde diferentes flancos, incluida la PGR (hoy FGR). La querella le llevó a perder una tendencia positiva en las preferencias electorales que lo consolidaba como claro segundo lugar, con posibilidades de acercarse a López Obrador. El hecho que se le imputaba no era nuevo. Desde que comenzó a tener un perfil público más o menos visible, derivado de su incipiente carrera política, se puso en entredicho su honorabilidad a nivel local, lo que obtuvo cierta resonancia en algunos medios de comunicación nacionales, principalmente impresos.

El gobierno de Enrique Peña Nieto descargó una ofensiva de alto impacto contra Anaya por conducto de la PGR. Se le denunció en enero de 2018, cuando ocupaba el segundo sitio apenas por encima de Meade. Según las encuestas de prácticamente todos los ejercicios profesionales respetados, el segundo contendiente comenzaba a despegarse del tercero: cabe mencionar que la principal estrategia de campaña en aquellos momentos era romper el empate técnico entre el segundo y el tercer lugar, de tal manera que el electorado tuviera incentivos para ejercer el llamado "voto útil", es decir, un voto en el que de manera racional optara por la segunda mejor opción con tal de que el partido o candidato favorito no fuera el ganador.

Al margen de las especulaciones y teorías de la conspiración que tanta fascinación causan —como la que asegura que, previo a las campañas, se estableció un acuerdo entre Peña Nieto y López Obrador para llevar a cabo una elección de Estado en favor del segundo—, es al día de hoy incontrovertible que el Ejecutivo ejerció su poder sin limitaciones para minar las aspiraciones de Anaya y ponerlo contra la pared, obligándolo a ocupar su tiempo en defenderse en lugar de integrarse a la dinámica de campaña que tenía planeada. Para 2019 no se sabía aún a ciencia cierta si el caso de corrupción que implicaba lavado de dinero en transacciones de bienes raíces vinculándolo junto con su esposa y suegro sucedió o no, porque, como era de esperar, la denuncia solo tuvo propósitos mediáticos. El hecho es que la PGR desistió de la demanda a unos cuantos días del 1 de diciembre de 2018, día de la toma de protesta del nuevo gobierno. Además, el 16 de mayo de 2019 el TEPJF, mediante una resolución de su Sala Superior, afirmó que la PGR actuó durante las campañas presidenciales afectando la equidad de la competencia al perjudicar a Anaya.

Por otro lado, José Antonio Meade vio manchada su campaña cuando se le vinculó de manera directa con una táctica sofisticada de desvío de dinero documentada por periodistas del portal digital *Animal Político* e investigadores de Mexicanos Contra la Corrupción y la Impunidad en el reportaje *La estafa maestra. Graduados en desaparecer el dinero público,* que terminaría convirtiéndose en un libro.[1] Su *modus operandi* era recurrir a universidades públicas como intermediarios para destinar recursos federales a proyectos que no se llevarían a cabo, asignados a empresas fantasma o con algún tipo de conflicto de interés. El trabajo periodístico, desarrollado por Nayeli Roldán, Miriam Castillo y Manuel Ureste, comienza analizando a profundidad y sistematizando información de las cuentas públicas analizadas por la Auditoría Superior de la Federación (ASF), para identificar la triangulación de recursos de varias secretarías de Estado a fin de evitar procesos de licitación y más tarde esquivar cualquier mecanismo de transparencia y rendición de cuentas. Instituciones educativas como la Universidad Politécnica del Sur de Zacatecas o la Universidad Tecnológica de Salamanca —ambas identificadas en la revisión de la cuenta pública de 2016 realizada por la ASF— son ejemplo del funcionamiento de dicha maquinaria.

Una vez que los periodistas se dedicaron a desentrañar la naturaleza de las empresas subcontratadas, encontraron en múltiples ocasiones que se trataba de empresas fantasma. La pesquisa los llevó a concluir que recursos de 11 dependencias gubernamentales —principalmente la Secretaría de Desarrollo Social (Sedesol), Pemex y el Banco Nacional de Obras y Servicios Públicos (Banobras)—, analizados en las cuentas públicas de 2013 y 2014, se destinaron a 186 empresas mediante 73 convenios, y de ellas, "128 presentan irregularidades, de acuerdo con las propias autoridades consultadas y a la visita que *Animal Político* y MCCI hicieron a sus oficinas: el Servicio de Administración Tributaria (SAT), por ejemplo, entre 2014 y 2015 declaró 'fantasma' a 11 e investiga a nueve más por la misma razón; 28 no tienen dirección; 12 fueron desmanteladas apenas recibieron los contratos; ocho no están en las direcciones que declararon; 44 no cuentan con registro ante la Secretaría de Economía, requisito indispensable para operar; seis se dedican a temas que no tienen relación con los servicios para los que recibieron contrato y 10 más no fueron localizadas por la Auditoría Superior de la Federación cuando las buscó para revisar su legalidad".[2]

El monto del desvío documentado en *La estafa maestra* asciende a 3 mil 433 millones de pesos.[3]

La investigación —que dio la vuelta al país y tuvo impacto internacional, siendo incluso merecedora de los premios Nacional de Periodismo 2018 (México) y Ortega y Gasset de Periodismo 2018 (España)— tuvo como principal sujeto de denuncia a Rosario Robles, entonces titular de Sedesol y más tarde nombrada secretaria de Desarrollo Agrario, Territorial y Urbano. Sin embargo, desde que se definió la candidatura presidencial de José Antonio Meade, se le asoció y responsabilizó por ese monumental acto de corrupción, pues dentro de sus varias encomiendas en la administración de Peña Nieto estuvo el haber sido titular de la Secretaría de Hacienda y Crédito Público (SHCP), dependencia que, al final de cuentas, es la que se encarga de distribuir el erario entre las demás, y conoce y aprueba las erogaciones que se lleven a cabo. La vinculación del candidato con la estafa era pertinente en el proceso electoral. Aun cuando difícilmente sería comprobable su responsabilidad legal directa en los actos de corrupción cometidos, José Antonio Meade cargó con el peso total de un sexenio que será recordado por tales escándalos; su sobresaliente posición entre los candidatos del PRI a puestos de elección popular en los comicios de 2018 le hizo acreedor del estigma completo de los abusos de un gobierno más que deshonesto. La estafa maestra no podía ser la excepción: era el mayor escándalo del Ejecutivo federal, y sin duda su candidato lo representaba.

El impacto mayor, sin embargo, lo sufrió Ricardo Anaya. Es posible aventurar la hipótesis de que para el panista el señalamiento de corrupción descarriló su candidatura desde un principio y no tenía posibilidades reales de verse favorecido por el voto —de confianza— en las urnas; en sentido radicalmente opuesto, el aspirante de la coalición Juntos Haremos Historia demostró ser inmune a cualquier conato de escándalo.

Durante las últimas semanas de la campaña de 2018 se intensificó una ofensiva contra Morena por irregularidades en la creación y ejecución de un fideicomiso para apoyar a los damnificados del terremoto que sacudió a México el 19 de septiembre del año previo; denominado Por los demás, creado en su momento por militantes de Morena, incumplió con las normas según el INE. En julio de 2018, la autoridad electoral acordó una sanción por 197 millones de pesos al partido político por diversas irregularidades englobadas en la conformación de una estructura paralela de financiamiento a la campaña, poco transparente, a la que se ingresaron más de 40 millones de pesos en efectivo de origen desconocido. También se adujo que había recursos provenientes de empresas y particulares mediante mecanismos de triangulación. La multa se debió principalmente a que el partido no reportó dichos ingresos y egresos.

Un mes más tarde, el TEPJF decidió revocarla porque el INE no había llevado a cabo una investigación exhaustiva y nunca pudo demostrar la utilización de recursos públicos en el fideicomiso ni el financiamiento paralelo.

Una vez más, como se había visto en las elecciones de 2000 —aunque sin duda en 2006 y 2012 surgieron asuntos similares, como el de Monex en el triunfo de Peña Nieto—, los tres principales contendientes estuvieron envueltos en importantes escándalos de corrupción aunque en dos sentidos distintos, justamente aquellos en que el combate a la corrupción topa con sus límites: por un lado, el financiamiento ilícito de campañas sin consecuencia alguna que desaliente ese tipo de conducta —hacer mayor el costo que el beneficio—, y por otro, el uso de la corrupción como una forma de atacarse públicamente para obtener resultados electorales y no como parte de una agenda ética.

A pesar de ello, desde que Andrés Manuel López Obrador tomó posesión como presidente de México, el combate a la corrupción muestra claroscuros más que un cambio radical del todo con respecto al pasado. Como mencionó Susan Rose-Ackerman en su visita a México para ofrecer una conferencia sobre corrupción, es alentador ver que la población ha modificado su percepción en torno a ese combate de manera positiva, según el Barómetro Global de la Corrupción 2019; también lo es la perspectiva hacia el futuro. Sin embargo, la percepción puede chocar con una realidad más compleja y difícil de descifrar. Entre tanto, bien vale la pena desmenuzar las acciones y omisiones registradas para hacer una radiografía al día de hoy, de tal suerte que podamos arrojar luz sobre el camino que está tomando un gobierno cuya principal bandera es la anticorrupción. Del otro lado de la moneda está el fracaso que confirmaría una dinámica nacional de gatopardismo donde no se construyen instituciones de largo plazo, se practica una justicia selectiva y se utiliza la lucha contra la corrupción como una herramienta de simulación;

los adversarios son corruptos sin necesidad de presumir su inocencia en los procesos judiciales, y los actos de corrupción se dirimen en los medios y no en los tribunales. Cambiar para que no cambie nada sería el peor resultado, porque la amplia expectativa de la gente y su respaldo al nuevo gobierno puede hacer de la decepción posterior una crisis aguda.

Quiero poner en la mesa los aciertos y los errores que ha tenido el gobierno de López Obrador en sus acciones y medidas para combatir la corrupción en México.

LA ESPERANZA REFLEJADA

El 23 de septiembre de 2019, Transparency International publicó su edición anual del Barómetro Global de la Corrupción; como lo hace de manera regular, presenta los resultados por región y desagregados por país. Se trata de un ejercicio de opinión pública en el que se encuesta a la población abierta, obteniendo una muestra que pondera para ser representativa a nivel nacional, el cual se llevó a cabo del 26 de febrero al 9 de marzo de 2019, es decir, a tres meses de iniciada la administración de López Obrador. Se encuestó a mil personas mediante una agencia privada; los reactivos o preguntas que se hicieron tienen que ver con la percepción y experiencia ante la corrupción del gobierno en los 12 meses previos. Es decir, en estricto sentido, el barómetro buscaba reflejar la opinión pública sobre una parte del gobierno de Peña Nieto y sobre el de López Obrador; incluso, dados los periodos yuxtapuestos, pretendía medir la incidencia de corrupción según la han experimentado los ciudadanos de primera mano.

De los 18 países encuestados en Latinoamérica, México presenta resultados muy interesantes que quisiera dimensionar a continuación.

Con la llegada del nuevo gobierno, la opinión pública se inclina hacia un balance bastante positivo; es un asunto más de expectativa que de evaluación, pues apenas comienza y lo que se mide es más bien el ánimo generalizado, de un optimismo comprensible. El 61% de los encuestados considera que el gobierno está actuando bien, mientras que 36% piensa que está actuando mal. En perspectiva, estas cifras modifican el panorama percibido en México, pues en 2017, el penúltimo año del sexenio pasado, la misma razón era de 24% contra 61%. De igual forma, el barómetro de 2019 muestra a una población que percibe un descenso en la corrupción: 44% de los mexicanos consideran que aumentó en los 12 meses previos al levantamiento de la encuesta, 21% que disminuyó, y 34% que se mantuvo igual. Estos números contrastan con los resultados de 2017, en los que 61% de los encuestados percibía que la corrupción aumentó, solo 6% consideraba que disminuyó y 27% que se mantuvo igual. Como vemos, los cambios en la percepción proyectan una visión esperanzadora. Este, sin duda, es uno de los mayores activos con que cuenta el gobierno actual para provocar un cambio hacia el futuro, e incluso responder a esa atmósfera de optimismo renovado.

La encuesta, sin embargo, presenta resultados que, si bien no contradicen los datos arriba mencionados, sí dan pauta para hacer un análisis más profundo del fenómeno. Cuando la percepción se concentra en instituciones en particular, los resultados no reflejan ningún avance, por el contrario; por ejemplo, en 2017, 51% sostenía que la mayoría o todas las personas que laboraban en la Presidencia de la República eran corruptas. En 2019, este porcentaje aumentó a 63%. Lo mismo sucede con los miembros del Congreso, la policía, los jueces y magistrados, y tangencialmente, esta percepción aumenta respecto de los empleados públicos y los líderes religiosos.

Pareciera que el barómetro nos muestra cifras inconsistentes, o cuando menos contradictorias. Por un lado, se presenta un cambio drástico en la percepción de la corrupción en el más amplio espectro, la corrupción en sentido abstracto, general; a la vez, muestra un extraordinario ánimo en favor del nuevo gobierno, incluso podríamos sugerir una obnubilación posterior al sexenio peñista. Pero se revela asimismo el otro lado de la moneda: se percibe a los funcionarios públicos de la presidencia aún más corruptos que en 2017.

La percepción de degradación se amplía con las instituciones tradicionalmente vistas como corruptas, como los legisladores. De la misma manera, y quizá como efecto de la política de comunicación en los meses de arranque del gobierno, empeoró la imagen que se tiene de la policía y del Poder Judicial. La contradicción aparente quizá no lo es tanto. Los datos reflejan probablemente una distinción de la opinión pública en dos sentidos, el primero circunstancial y el segundo de fondo. La batería de preguntas yuxtapone también dos periodos distintos: los últimos meses del gobierno anterior y los primeros tres del nuevo. En este sentido, la percepción se vuelve más nebulosa, turbulenta, impidiendo reflejar de manera unívoca y uniforme un gobierno u otro (sentido circunstancial). La distancia entre las preguntas más abstractas y generales con respecto al avance o reducción de la corrupción, así como aquella destinada a evaluar el desempeño gubernamental, da cuenta de la percepción que tiene la ciudadanía sobre López Obrador y no sobre el conjunto de la clase política y los funcionarios públicos que administran las instituciones del Estado mexicano. Es decir, la gente distingue muy bien entre la honestidad del presidente, su personalísimo proyecto anticorrupción, y el resto de la clase política, a la que siguen viendo con el mismo lente: sumida en una profunda deshonestidad. La perspectiva a futuro se decantará por la decepción ante un cambio de élite que simula, o la satisfacción por un cambio de régimen que combate la corrupción (sentido de fondo). El barómetro me parece, en esta ocasión, un instrumento atinado que capta precisamente un momento de la historia en el que habrá un punto de inflexión o un punto en una constante.

El barómetro, además, refleja una mirada fundamental: la corrupción no se elimina por decreto. Se trata de un proceso y no de una declaración; 90% de las personas piensa que la corrupción en el gobierno es un problema grave.

Una de las virtudes del instrumento mnemotécnico de Transparency International, aparte de reflejar la percepción de la población abierta —a diferencia del Índice de Percepción de la Corrupción, elaborado por la misma organización, que encuesta a expertos y empresarios—, es que añade reactivos sobre experiencia concreta frente a la corrupción de agencias gubernamentales. En 2018 34% de las personas dijo haber pagado un soborno para obtener un servicio público en los 12 meses previos al levantamiento de la encuesta. Con respecto a 2017, esta cifra disminuyó 17 puntos porcentuales, ya que en ese año la incidencia fue de 51%. En cuanto al grueso de los países latinoamericanos que participan en el barómetro, México se situó en la peor posición. En este mismo sentido, un tema crucial en el combate a la corrupción, además del soborno —comúnmente asociado con la corrupción en pequeña escala— es la compra de votos. Como se ha señalado en capítulos anteriores, en el uso de recursos públicos —tanto gubernamentales como aquellos destinados a los partidos políticos— para la compra de votos, el periodo de transición democrática ha sido tan consecuente como el del partido hegemónico. Como lo muestra el barómetro, 2018 no fue la excepción: 50% de los ciudadanos dijeron haber recibido sobornos a cambio de votos, la peor cifra entre los países latinoamericanos. En noviembre de 2019, por ejemplo, en medio de la lucha por el poder entre los militantes del partido oficial, Morena, se denunció el uso de recursos públicos por parte de la Coordinación General de Programas para el Desarrollo (oficina que forma parte de la estructura de Presidencia de la República) para "promover el voto a favor de uno de los candidatos a la dirigencia nacional"[4] partidista.

Son varias las conclusiones que extraigo del barómetro. La más notable, sin duda, es el buen ánimo que Andrés Manuel López Obrador concita entre los ciudadanos.[5] La agenda anticorrupción cuenta hoy en día con un *momentum* de apoyo y consenso fundamental para admitir los cambios radicales que se requieren para acabar con dicho mal. Esos cambios no se dan de la noche a la mañana. Partiendo de una de las premisas de este libro, el fenómeno es de carácter multi-dimensional: debe atacarse en el frente cultural, el político, el institucional, el ético y el económico. Es preciso además considerar la evolución histórica de nuestro país, para dejar de cometer los mismos errores y abusos que en el pasado.

Por el contrario, los indicadores de la encuesta parecen contraponer la extrema confianza en el presidente y la suspicacia en el sistema político y en los servidores públicos. Las personas dentro de las instituciones están peor evaluadas que en 2017; ni los funcionarios de la presidencia se salvan, mucho menos los legisladores, los policías o el grueso del sistema judicial.

Finalmente, en los hechos la corrupción no cesa. La compra de votos y los sobornos no terminan. La gente lo experimenta en carne propia. La conformación del gobierno después del 1 de julio tuvo como resultado una opinión pública con expectativas de que se combata la corrupción, teniendo claro que aún existe y que los corruptos no se han ido. La encrucijada es perfecta para lo que viene.

SE ACABÓ LA CORRUPCIÓN… EN CUATRO MESES

El sistema político mexicano posee dos rasgos intrínsecos a su naturaleza que fueron fundamentales para evitar su derrumbe durante muchas crisis y muchos momentos de desasosiego; incluso tratándose del sistema electoral, estos han sido su palanca para progresar. Hablo del escepticismo y la desconfianza: gracias a ellos —rasgos muy acendrados en las maneras de los políticos, y establecidos como fundacionales en varias instituciones—, el entramado de leyes y reglas se sostiene. Es culturalmente reconocido que un político no confía en otro, incluso de su mismo partido. Un político es un escéptico del compromiso del otro. Tener palabra, cumplirla, es un bien escaso.

En un contexto donde los pesos y contrapesos provienen del descreimiento, la estrategia es no bajar la guardia. En el instante en que se le ocurre a algún político dar la espalda a un asunto de interés público, la puñalada vendrá sin mayores complicaciones: un Bruto conspira siempre contra Julio César. Algunos teóricos de la ciencia política argumentan que el mal desempeño de los gobiernos, su pobre desempeño, genera desconfianza.[6] Otros, por el contrario, ven la confianza como una variable independiente, es decir, que la confianza interpersonal, junto con la participación cívica, genera mejores instituciones democráticas (Fukuyama, Putnam).[7] Estudios van y vienen sin tener muy clara la causalidad del huevo o la gallina: la falta de confianza como promotora de la corrupción, o la corrupción como detonador de desconfianza.

En esta ansiedad de círculo vicioso, habría que pensar de otra manera. Al inicio del breve libro de Eber Betanzos Torres, *Reforma en materia de combate a la corrupción,* el autor busca sintetizar y analizar de manera objetiva los cambios derivados de la creación del Sistema Nacional Anticorrupción en México, sus entrañas y sus posibles consecuencias:

> Pese a que la corrupción es un fenómeno transversal que ha afectado diversos momentos de la cultura humana, además de que puede existir lamentablemente en todo tiempo y lugar —lo que llama a estar siempre alerta para evitarla y erradicarla—, el interés de las ciencias sociales en el mundo occidental para estudiarla como un fenómeno aislado tuvo causas muy concretas.[8]

Si abstraemos por un momento el origen del estudio sobre la corrupción en el siglo XX, lo más fascinante de la cita está en la acotación. Por la propia naturaleza del fenómeno, por haber pervivido fenomenológicamente en tiempo y espacio desde que la sociedad es tal, es indispensable "estar siempre alerta para evitarla y erradicarla". Para eso están, desde luego, las leyes, las instituciones y, por supuesto, un Estado de derecho que las haga cumplir. No están ahí la fe ni la confianza en que los servidores públicos dejarán de ser cómplices. Por eso mismo, resulta bastante perturbadora la conferencia de prensa que el presidente López Obrador ofreció el 4 de abril de 2019. Entre los diversos temas que acostumbra abordar, a petición de parte o *motu proprio,* habló de los logros en materia de corrupción luego de cuatro meses en el cargo. Cito textual: "Nosotros queremos desterrar la corrupción, ya puedo decir que no hay corrupción tolerada en México, se acabó la corrupción tolerada en el país, ya lo puedo decir. Esto es muy importante, un gran logro en muy poco tiempo".[9]

La declaración tiene varias implicaciones. La primera es que cualquier estrategia de combate a la corrupción será suplementaria porque de hecho ya no existe tal fenómeno o, cuando más, será necesaria únicamente una política de prevención. En segundo lugar, y concatenada a la primera, los planes o estrategias de política pública al respecto no son importantes. En tercer lugar, esto produce una tremenda incertidumbre, porque no queda claro qué se hará para enfrentar un problema que, a cientos de kilómetros de distancia, todo mundo puede ver que no se ha frenado.

EL PLAN NACIONAL DE DESARROLLO

El gobierno de México envió al Congreso, para su consideración, el Plan Nacional de Desarrollo (PND) 2019-2024. Se presentó un documento con dos versiones: por un lado, está el proyecto elaborado y coordinado por la Secretaría de Hacienda y Crédito Público —en el que se involucra a las distintas dependencias del Poder Ejecutivo—, y por otro el escrito por Andrés Manuel López Obrador. La poca seriedad que denota presentar dos planes distintos es un indicio que sugiere que el gobierno no considera importante la elaboración de un PND. Podríamos estar o no de acuerdo, eso es un debate. Sin embargo, hacerlo es una obligación constitucional y hay lineamientos claros para su elaboración. También, llevado al extremo, el hecho de que existan dos planes simultáneos puede indicar que no hay interés en una planeación centrada y seria. En cualquier caso, las implicaciones pueden ser costosas para el desempeño del gobierno y la efectividad de sus políticas públicas. El problema de la corrupción es ilustrativo.

CONTRADICCIONES Y DESATINOS CONCEPTUALES

El PND del presidente asegura que se va a eliminar la corrupción, mientras que el proyecto de PND de su gabinete aspira a reducir en 53% la tasa de víctimas de actos de corrupción en al menos uno de los trámites realizados, variable medida por el Inegi. Esta contradicción nos dice poco de la política pública que se llevará a cabo para solucionar el problema. Lo mismo sucede con el futuro del Sistema Nacional Anticorrupción, un logro de la sociedad civil organizada. Andrés Manuel López Obrador mantiene mutismo al respecto, mostrando su desinterés por este mecanismo que podría lograr avances significativos en ese combate. Su gabinete, por el contrario, define como una de sus estrategias "[i]mplementar, dar seguimiento y evaluar la Política Nacional Anticorrupción aprobada por el Comité Coordinador del Sistema Nacional Anticorrupción, así como los programas, acciones y acuerdos determinados por esta instancia de coordinación, garantizando la ejecución de esta política dentro de la administración pública federal".[10]

Tal pareciera que ambos planes, aprobados por el Congreso, entienden la corrupción como conceptos distintos. Para el presidente la corrupción es, principalmente, lo que en la literatura se conoce como *grand corruption,* es decir, la corrupción a gran escala cometida por funcionarios públicos de alto nivel y con importante poder de decisión. Además, él mismo ha considerado la austeridad como una política anticorrupción, confusión que puede tener consecuencias en la efectividad del gobierno. En cambio, su gabinete entiende de manera más genérica e integral el término, dado que la contempla a gran escala como a pequeña escala, que incluye actos como la solicitud de *mordidas* para llevar a cabo trámites burocráticos.

DIAGNÓSTICO IMPRECISO

Es un lugar común afirmar que ya desde la campaña, el actual presidente de México contaba con un diagnóstico certero de la realidad del país y de sus problemas. Sin embargo, el diablo está en los detalles. La corrupción, está de más decirlo, es uno de los flagelos más claros de la bancarrota ética del Estado mexicano. Pero su origen y exacerbación no está en el neoliberalismo, como asegura el PND en ambas versiones. De hecho, ya hemos rastreado el fenómeno incluso hasta el gobierno de Hernán Cortés —documentado en su juicio de residencia— o en virreinatos como el de Francisco Fernández de la Cueva Enríquez, duque de Albuquerque (quien, según los estudios de Christoph Rosenmüller, administró uno de los más corruptos periodos de la Colonia). Más recientemente, fue el sexenio de Miguel Alemán (1946-1952) el que inauguró una época de abuso del poder público para beneficio privado que hasta nuestros días pervive: Pemex fue una de las instituciones mayormente afectadas. A su administración se le conoce popularmente como "el gobierno de Alí Babá y los 40 ladrones". No reconocerlo en el diagnóstico simplifica de manera equivocada la solución: desterrar el neoliberalismo tendría como consecuencia el destierro de la corrupción. Craso error.

157

EL PLAN APROBADO POR EL CONGRESO

El 12 de julio de 2019 el gobierno publica en el *Diario Oficial de la Federación* el PND 2019-2024 aprobado por el Congreso. En materia de corrupción, se trata de un documento prácticamente conformado por frases hechas, cotidianamente repetidas. Sin embargo, me parece relevante enfocarme en tres elementos. El primero es que se mantiene el diagnóstico que he mencionado como impreciso: si nos concentramos en desmantelar el neoliberalismo —concepto que, tal cual se define en el documento, se asume como todo aquello hecho desde 1982— como forma de acabar con la corrupción, la estrategia estará equivocada. Por otro lado, el plan no habla del proyecto del Sistema Nacional Anticorrupción, pieza clave e institución fundamental del Estado mexicano para conducir las políticas anticorrupción; de hecho, el eje de una estrategia institucional anticorrupción debería enmarcarse en él. Por último, se eliminaron los indicadores de desempeño. Como dice el lema de Coneval, "lo que no se mide no se puede mejorar".

El plan anticorrupción establecido en el Plan Nacional de Desarrollo 2019-2024 se concentra en un párrafo:

Tal es el propósito de tipificar la corrupción como delito grave, prohibir las adjudicaciones directas, establecer la obligatoriedad de las declaraciones patrimonial, fiscal y de intereses de todos los servidores públicos, eliminar el fuero de los altos funcionarios, fomentar la colaboración internacional tendiente a erradicar los paraísos fiscales, monitorear en línea y en tiempo real el dinero para adquisiciones y realizar verificaciones obligatorias de los precios de mercado antes de cualquier adquisición. Con ese mismo objetivo se propondrá al Congreso de la Unión la Ley Federal de Combate de Conflictos de Interés, se centralizarán las instancias de contraloría, se reforzarán mecanismos fiscalizadores como la Secretaría de la Función Pública (SFP) y la Auditoría

Superior de la Federación (ASF), se reorientará la Unidad de Inteligencia Financiera de la Secretaría de Hacienda y Crédito Público (SHCP) y se creará una unidad policial especializada en lavado de dinero.[11]

En lo que va de este gobierno, es bastante claro que las adjudicaciones directas no solo no se han prohibido, sino que se utilizan en la misma proporción que en sexenios anteriores. El fuero no se eliminó para altos funcionarios, como no sea el presidente mismo: se le podrá acusar por corrupción o delitos electorales, pero aún será necesario llevar a cabo un proceso de juicio político; es decir, su fuero se mantiene. Estos ejemplos nos deben poner en alerta, primero, de que realmente se lleguen a cumplir estas propuestas y, segundo, de que no pueden ser las únicas para fortalecer la misión anticorrupción.

Si bien el PND se formuló de manera desaseada, con versiones contradictorias y con un resultado mediocre, al parecer aún queda un recurso que va más allá del discurso hueco de López Obrador. La SFP trabajará en cinco ejes prioritarios, y sin duda por lo menos cuatro de ellos son ineludibles en una estrategia administrativa para combatir la corrupción: ciudadanizar el combate a la corrupción, relanzar el servicio profesional de carrera, democratizar las tecnologías, y proteger la denuncia y a los alertadores. El quinto elemento es la llamada *austeridad republicana,* que más que coadyuvar a la lucha anticorrupción, podría ser un factor que aliente la corrupción. Más adelante regresaré sobre el tema.

LA POLÍTICA DE *WHISTLEBLOWERS*

Alguna vez escuché a Alonso Lujambio, exintegrante del Consejo General del IFE, decir que fue gracias a una denuncia anónima que se logró armar el caso llamado *Pemexgate,* detallado en páginas previas y que culminó en la multa más grande recibida por cualquier partido político en México. Afirmaba en aquella ocasión que una pieza fundamental para combatir la corrupción eran los llamados en inglés *whistleblowers*: aquellas personas que revelan una conducta inapropiada dentro de una organización, haciéndola pública o informándola a otros en una posición de poder.

De las acciones implementadas, el programa Ciudadanos Alertadores Internos y Externos de la Corrupción, de la Secretaría de la Función Pública, así como el Sistema Integral de Denuncias Ciudadanas, me parecen las mejor logradas en términos de su diseño y objetivos. El lanzamiento del programa se llevó a cabo el 25 de julio de 2019.

El propósito es "fomentar la denuncia [ciudadana] con base en tres ejes: confidencialidad de los denunciantes, acompañamiento desburocratizador de la denuncia y proactividad de la dependencia para combatir la impunidad".[12] El programa se construyó como "una plataforma" del gobierno para alertar sobre "actos graves de corrupción, violaciones de derechos humanos, hostigamiento y acoso sexual en el gobierno federal". Los actos de corrupción sobre los que el programa busca alertar son "cohecho, peculado y desvío de recursos públicos", es decir, abuso de funciones.

El impacto que generará este programa lo veremos en el futuro. Por lo pronto, es encomiable el diseño de la política: apunta a uno de los instrumentos clave en la identificación de actos de corrupción. Lo hace, además, mediante un diseño basado en las mejores prácticas internacionales y en la vasta literatura académica. Al mismo tiempo, se ve reforzado con una plataforma tecnológica que da certeza a los ciudadanos de que al denunciar se protegerá su confidencialidad.

Detectar actos de corrupción es muy complejo. Se requieren procesos de monitoreo y de auditoría que necesitan una cantidad enorme de recursos, y que resultan siempre insuficientes. Para evaluar, comúnmente se toman muestras —de manera aleatoria y probabilísticamente significativas— de instituciones y programas, ya que hacer una auditoría censal está fuera de los límites presupuestarios. Por ello, la existencia de un sistema que incentive a las personas dentro y fuera del gobierno a denunciar prácticas corruptas complementa a los demás programas de monitoreo y auditoría.

AUSTERIDAD NO ES COMBATE A LA CORRUPCIÓN

Los programas de austeridad, que recortan el tamaño y la capacidad del gobierno en lugar de enfocarse en hacer más eficientes los programas, es decir, utilizar de mejor manera los recursos disponibles, pueden desembocar en espacios de corrupción. Reducir la burocracia y los sueldos como medida de austeridad puede ser contraproducente: habrá servidores públicos que tendrán incentivos para buscar ganancias extra debido a que su salario no es suficiente.

Es un desacierto total vincular austeridad y combate a la corrupción en una misma estrategia por esa razón, pero también lo es buscar con ello un impacto en la opinión pública, y esto podría ser pernicioso. Cada decisión tomada bajo una política de austeridad puede ser considerada un triunfo en la lucha contra la corrupción, y esta confusión, bastante comprensible porque responde al hecho de empaquetar juntas cosas distintas, podría desincentivar al gobierno a ser más estricto en su trabajo: el éxito público de la política de austeridad, con reducción de salarios, cierre de oficinas gubernamentales, adelgazamiento de la burocracia, recortes presupuestales, venta del avión presidencial, eliminación de seguros médicos privados para servidores públicos, etcétera, se vuelve un éxito aparente. Y todo comenzó al inicio del periodo de transición entre administraciones.

El 15 de julio de 2018, como una de las primeras declaraciones de política pública y de principios de su gobierno, el presidente electo López Obrador presentó los "50 lineamientos generales para el combate a la corrupción y la aplicación de una política de austeridad republicana". De ellos, solo 14 se refieren al combate a la corrupción:

1. Se reformará el artículo 108 de la Constitución para agregar que el presidente de la República en funciones puede ser juzgado por delitos de violación a las libertades electorales y por delitos de corrupción.
2. Se suspenderán por completo fueros y privilegios para funcionarios públicos.
3. Se reformará la ley para considerar delitos graves el tráfico de influencia, la corrupción, la asociación entre funcionarios y particulares para cometer fraudes a la hacienda pública, el robo de combustibles y el fraude electoral en cualquiera de sus modalidades; las penas no permitirán al inculpado la obtención de la libertad bajo fianza.
4. La Fiscalía General contará, en los hechos, con absoluta autonomía; no recibirá consigna del presidente de la República y sus prácticas se apegarán al principio del derecho liberal, según el cual, "al margen de la ley nada y por encima de la ley nadie".
5. La Fiscalía Electoral estará encargada de garantizar que las elecciones sean limpias y libres; de evitar la compra del voto, la coacción, la amenaza, el uso del presupuesto público y de bienes para favorecer a partidos o candidatos y castigar cualquier tipo de fraude electoral. Su distintivo será la imparcialidad, y su misión, la de establecer en México una auténtica democracia.
6. La Fiscalía Anticorrupción será garante para evitar este mal que tanto ha dañado a México y no permitir bajo ninguna consideración, el predominio de la impunidad. El mandato que recibimos del pueblo en las elecciones del 1 de julio de 2018 consistió, básicamente, en confiarnos la apremiante tarea de acabar con la corrupción y la impunidad.

La Fiscalía Anticorrupción podrá actuar con absoluta libertad y castigar a cualquier persona que cometa un delito de esa naturaleza, tratase de quien se trate, incluidos compañeros de lucha, funcionarios, amigos y familiares. Un buen juez, por la casa empieza.

7. Todo funcionario deberá presentar su declaración de bienes patrimoniales; así como la de sus familiares cercanos y será pública y transparente en todos los casos.

30. Los funcionarios de Hacienda, Comunicaciones, de Energía y de otras dependencias, no podrán convivir en fiestas, comidas, juegos deportivos o viajar con contratistas, grandes contribuyentes, proveedores o inversionistas vinculados a la función pública.

44. Las compras del gobierno se harán de manera consolidada; mediante convocatoria, con observación ciudadana y de la oficina de transparencia de la ONU.

45. Los contratos de obra del gobierno se llevarán a cabo mediante licitación pública, con la participación de ciudadanos y de observadores de la ONU.

46. No habrá partidas en el presupuesto a disposición de diputados o senadores. Se acabará la vergonzosa práctica del soborno o de los llamados *moches*.

47. Ningún funcionario público podrá recibir regalos, cuyo valor exceda los 5 mil pesos.

49. En las relaciones comerciales o financieras con empresas internacionales se dará preferencia a las originarias de países cuyos gobiernos se caractericen por su honestidad y castiguen, no toleren las prácticas de sobornos o de corrupción.

50. Se revisarán los contratos suscritos con empresas nacionales o extranjeras que se hayan otorgado mediante el influyentismo, la corrupción, y causen daño a la hacienda pública. En

caso de anomalías que afecten el interés nacional, se acudirá al Congreso de la Unión, a tribunales nacionales e internacionales; es decir, siempre nos conduciremos por la vía legal. No actuaremos de manera arbitraria ni habrá confiscación o expropiación de bienes.

Uno de los obstáculos a lo planteado por el presidente es la confusión entre combate a la corrupción y austeridad. De los 50 puntos, 13 implican algún tipo de acción vinculada a una estrategia anticorrupción; el resto es una política de austeridad y, vale la pena ahondar, esta no conduce causalmente a evitar la corrupción. El mejor ejemplo de ello, como mencioné, es el salario de los funcionarios públicos. La política de austeridad es necesaria, sin duda: los excesos acumulados en décadas de privilegios deben ser acotados o eliminados. Sin embargo, es evidente que se debe hacer una separación entre esta y el combate a la corrupción, de tal manera que sea clara la lucha contra la extorsión, el soborno, el enriquecimiento ilícito, el peculado y el nepotismo. Hacerlo de otra manera es dar pie a que la percepción pública sobre este fenómeno se vea erróneamente influenciada por decisiones como convertir la residencia oficial de Los Pinos en museo, o eliminar el Estado Mayor Presidencial. Estas parecen meros distractores del problema de fondo.

Las políticas de austeridad pueden ejecutarse en el corto plazo; las políticas anticorrupción requieren esfuerzos de corto, mediano y largo alcance. Resulta contraproducente integrar ambas en una sola dinámica, en una sola estrategia. Si se hace esto así, tendría implicaciones negativas: la primera, la más obvia, es que la austeridad puede resultar una excusa que genere incentivos o motivaciones para que los burócratas se corrompan.

LAS COMPRAS GUBERNAMENTALES

De los puntos planteados sobre corrupción, los temas que sobresalen engloban casi todas las acciones: por un lado, la independencia de los órganos encargados de la operación, particularmente de los fiscales general de la República y anticorrupción; por otro, las condiciones para salvaguardar la integridad de los procesos de licitación y compras gubernamentales. En este tema me detengo.

Las contrataciones públicas son, en la definición de la Unión Europea, el proceso mediante el cual las autoridades, tales como oficinas de gobierno o entidades locales, adquieren trabajo, bienes o servicios de compañías.[13] La OCDE las define como el proceso de identificar necesidades, determinar cuál es la mejor persona u organización que puede proveer a esa necesidad, y asegurarse de que lo que se necesita se entrega en el lugar correcto, en el tiempo preciso, al mejor precio, y que todo se hizo de la manera más abierta y justa posible.[14]

Las contrataciones públicas son un elemento fundamental del gasto gubernamental en cualquier país; representan entre 15% y 20% del PIB en países desarrollados, y arriba de 50% del gasto público total, de acuerdo con cifras del Banco Mundial. Según datos de 2014, presentados por la OCDE, las contrataciones públicas representan 5.2% del PIB, mientras que el promedio en los países miembros de la OCDE es de 7.7 por ciento.[15]

Las compras de gobierno son uno de los asuntos públicos de mayor riesgo. Los burócratas pueden inclinar la balanza hacia una u otra empresa por medio de distintas argucias: compartir información fuera de plazos, diseñar licitaciones "a modo", determinar aplazamientos, etcétera. La recompensa es dinero a cambio.

La promesa de desmembrar la red de corrupción en las licitaciones no ha resultado de modo alguno un emblema de la transformación de la vida pública del país; tampoco ha sido muy diferente de las otras administraciones.

Esto quiere decir que la apertura de las licitaciones públicas en la presente administración ha sido tan limitada como siempre. En un ejercicio de evaluación del gobierno de López Obrador, llevado a cabo por MCCI, se advierte que durante los primeros tres meses 74.3% de los contratos gubernamentales se asignaron mediante adjudicación directa, no muy diferente del último año de gestión de Enrique Peña Nieto (80.8%) y de Felipe Calderón (67.7%).[16] En el Primer Informe de Gobierno —septiembre de 2019— la cifra creció un poco más, según la información de la Secretaría de la Función Pública: llegaron a 80%. En todo 2019, la cifra fue de 80.4%. Para 2020, el porcentaje no varió prácticamente nada, pues se contrató por adjudicación directa el 80.9%, lo que representó el 43% del monto total contratado.[17] La OCDE ha trabajado por construir un marco de mejores prácticas para contribuir a que los países desarrollen un sistema de compras gubernamentales inmune a la corrupción, basado en principios de integridad. Otro de los puntos que forman parte de estas recomendaciones se refiere al adecuado acceso a las licitaciones, de modo que se promueva el fortalecimiento del Estado de derecho y sus instituciones al contar con la documentación adecuada para la participación de las empresas y, sobre todo, al privilegiar la competencia sobre las adjudicaciones directas, tomando estas últimas como procedimientos excepcionales.[18] A mayor competencia, mayor blindaje de las licitaciones públicas. Este mismo punto contempla los intereses provenientes de compromisos electorales (apoyo al candidato ganador por medio de recursos diversos, incluidos monetarios; comprende los sobornos para incidir previamente a la publicación de una licitación, durante y una vez que se ha declarado ganador y se procede a la ejecución).[19]

La información presentada por el gobierno va en el mismo sentido. Derivado de la necesidad de terminar con la corrupción en las compras gubernamentales, se lleva a cabo una estrategia de compras consolidadas con la que se centraliza la decisión en una sola entidad.

El Primer Informe de Gobierno da cuenta de ello: "De acuerdo con la OCDE, las mejores prácticas internacionales en materia de contrataciones públicas utilizan principalmente modelos de agencia consolidadora de compras en un ente público ajeno a las áreas sustantivas con diferentes niveles de gobernanza".[20]

Las primeras compras consolidadas se han dado en los siguientes bienes y servicios: medicamentos; arrendamiento de equipo de transporte; arrendamiento de ambulancias; combustibles; limpieza, jardinería y fumigación; servicios de vigilancia, y material y útiles de oficina. Tres de estos bienes y servicios se han licitado, y cuatro se procuran mediante contratos marco, es decir, adjudicaciones directas o invitación a cuando menos tres empresas o compañías. Respecto de los medicamentos, se licitan los genéricos y el material de curación, mientras que se adjudican de manera directa oncológicos, cardiovasculares, metabólicos (diabetes), antibióticos, planificación familiar, hematológicos, vacunas, hepatitis C y antirretrovirales.[21]

Además, en el agregado, el gobierno informa que, hasta septiembre de 2019, 80% de las compras gubernamentales se llevaron a cabo mediante adjudicación directa, la misma proporción que en 2018. Solo 13% de los casos en 2019 y 14% en 2018 se efectuaron mediante licitaciones públicas.

Definitivamente, la promesa de erradicar la práctica de las adjudicaciones directas no ha sido cumplida. Incluso, MCCI ha investigado algunos casos de afectación a los procesos de compras gubernamentales derivado de decisiones corruptas.

Se sabe que dos empresas fantasma han ganado contratos en diversos sectores y estados de la República: una de ellas en Chiapas, por vía del Instituto Mexicano del Seguro Social (IMSS), y en Michoacán por medio del Instituto de Seguridad y Servicios Sociales de los Trabajadores del Estado (ISSSTE); la otra, gracias a una licitación de la Secretaría de Comunicaciones y Transportes (SCT) en Sonora.

Otra investigación de MCCI dio a conocer la situación del delegado del gobierno federal en Jalisco, quien habría incurrido en un conflicto de interés con la adjudicación de contratos a nueve empresas del sector farmacéutico vinculadas a él;[22] dicho rubro ha sido considerado por el presidente como secuestrado por empresas favorecidas en el sexenio anterior. En abril de 2019 López Obrador vetó, sin ningún procedimiento institucional de por medio, a tres empresas por considerarlas corruptas, aunque hasta hoy no se han presentado dictámenes que sostengan esa determinación. La estrategia anticorrupción parece motivada más por la discrecionalidad que por el cauce institucional. Las dos caras de la moneda observadas en el sector salud, más que apuntar a una transformación radical del entorno corrupto de años anteriores, reflejan una continuidad en las prácticas de gasto público. Ineficaces los cauces legales, en el futuro veremos más desatinos como los expuestos; por ejemplo, la decisión del presidente, nuevamente discrecional, de cancelar un contrato licitado para proveer de papel en la impresión de libros de texto gratuitos. Sin una diligencia formal para identificar conflicto de interés o cualquier otro acto de corrupción, lo dispuso sin saber al menos si era en el mejor interés del erario. Si de una declaración de López Obrador se hubiera desprendido que existía un conflicto de interés con dicha empresa, entonces ni siquiera habría sido conducente permitirle participar.

Un elemento más a considerar en materia de contratos gubernamentales es, reiteradamente, el uso del combate a la corrupción como arma política. La cancelación del Nuevo Aeropuerto Internacional de la Ciudad de México, a construirse en Texcoco, Estado de México, es prueba de ello. Mientras que la decisión se tomó porque, entre otras irregularidades, los contratos se habían otorgado de manera corrupta, como lo aseveró el mismo presidente, su secretario de Comunicaciones y Transportes dijo que no había ningún elemento probatorio en sus manos para demostrarlo. El costo de la medida, de por sí elevado, ha sido motivo de disputa y especulación.

La falta de claridad —y de evidencia en algunos casos— en la estrategia para combatir la corrupción deja cabos sueltos en materia de contratos gubernamentales, en particular en lo que respecta a los grandes proyectos sexenales: el Tren Maya, el aeropuerto de Santa Lucía y la refinería de Dos Bocas. A no ser que se implemente a conciencia el SNA y empiece a operar de hecho, y que organismos independientes nacionales y extranjeros tengan posibilidad de participar en la auditoría y fiscalización, se tiene el riesgo de caer, una vez más, en las mismas prácticas añejas.

LA JUSTICIA: SELECTIVA O PAREJA

Una de las tradiciones informales, metainstitucionales, de la política mexicana es la persecución judicial de opositores al gobierno en funciones. En muchos de estos casos, las acusaciones formales son por delitos de corrupción. En 1989, al inicio del sexenio de Carlos Salinas de Gortari, encarcelan al líder petrolero Joaquín Hernández Galicia, *La Quina*, por actos de corrupción, acopio de armas y homicidio. En marzo de 1995, al inicio del periodo de Ernesto Zedillo, encarcelan y sentencian a Raúl Salinas de Gortari, hermano del expresidente, acusado de enriquecimiento ilícito y de ser el autor intelectual del asesinato de José Francisco Ruiz Massieu. En febrero de 2013, el gobierno recién iniciado de Enrique Peña Nieto aprehende a Elba Esther Gordillo, lideresa del principal sindicato de maestros. La corrupción es en el mundo entero un pretexto, una cruzada que utilizan los políticos para combatir a sus oposiciones, y México no ha sido la excepción. Incluso, como ya se dijo, en la campaña electoral en que triunfó el actual gobierno, el escándalo de corrupción de Ricardo Anaya fue orquestado desde las entrañas de la administración para luego eximirlo de responsabilidad justo unos días antes de la toma de posesión de López Obrador. En numerosas ocasiones se trata de denuncias por corrupción sin sustento, pero con impacto mediático, y acaban por minar el prestigio de una persona; en otros casos son actos de justicia, pero lo son de manera selectiva: solo a los opositores se les investiga por corrupción, no a los aliados, a quienes se protege, justifica y se les prejuzga benevolentemente sin reparos. Una política de este tipo es perjudicial en el largo plazo, porque aun cuando se expongan y castiguen actos de corrupción reales, no hay justicia, sino revancha, competencia política, lucha partidista. No se fortalecen las instituciones ni se hacen eficientes los procesos judiciales, al contrario.

Desentrañar una política de justicia selectiva en el combate a la corrupción es una empresa compleja, en particular en un país como México, donde esencialmente el Estado de derecho no se ejerce a cabalidad y el sistema judicial es disfuncional. La transparencia y la rendición de cuentas, además, se han ido descomponiendo paulatinamente. Dentro del poco margen para el análisis podemos hacer un recuento de los escándalos de corrupción de gran escala durante la actual administración y el cauce legal que se les ha dado.

Ya comenté con detalle el escándalo de los sobornos de la empresa brasileña Odebrecht y el llamado por la prensa La estafa maestra, relacionados con la administración previa; el principal resultado del segundo fue la detención, el 13 de agosto de 2019, de Rosario Robles, titular de Sedesol y luego de Sedatu durante el sexenio de Peña Nieto, para que desde prisión siga el proceso en su contra por ser parte fundamental de la trama. Tres días después detienen en Argentina a Carlos Ahumada, expareja sentimental de Robles y a su vez protagonista del escándalo en que se vieron envueltos dos hombres cercanos a Andrés Manuel López Obrador cuando era jefe de Gobierno del Distrito Federal (hoy Ciudad de México), René Bejarano y Carlos Ímaz, videograbados cuando recibían de Ahumada dinero en efectivo con propósitos de financiamiento electoral. Denunciado en México por presunto fraude fiscal, fue liberado al día siguiente por las autoridades argentinas.

Rosario Robles es la primera funcionaria pública de alto nivel que enfrenta un proceso judicial por un acto de corrupción a gran escala, siendo parte de la oposición al gobierno actual; ligada a Carlos Ahumada, el escándalo de Bejarano e Ímaz lastimó en su momento la imagen del PRD y de López Obrador.

En el caso Odebrecht, Emilio Lozoya, director de Pemex durante el mandato de Peña Nieto, fue aprehendido en España y se le extraditó a México; algunos de sus familiares más cercanos también fueron indiciados. Su madre, por ejemplo, fue vinculada a proceso por delitos de lavado de dinero y asociación delictuosa, que enfrenta en arraigo domiciliario.

Dichos casos de corrupción han sido documentados de manera detallada, y sus tramas involucran a más de una persona dentro de los niveles más altos de toma de decisión en la élite política. Los castigados comparten el ser miembros del Partido Revolucionario Institucional, integrantes de lo que el ahora presidente López Obrador ha denominado *la mafia del poder*. Sin embargo, entre ese mismo grupo, un personaje destacado tuvo un destino distinto, probablemente por haberse asociado a tiempo al actual mandatario, en cuyo gabinete ocupa una posición relevante: Manuel Bartlett Díaz.

EL CASO DE MANUEL BARTLETT

Todo comenzó el 28 de agosto de 2019. Nuevamente, una investigación periodística presentó evidencias que apuntaban a que Manuel Bartlett, director general de la Comisión Federal de Electricidad (CFE), poseía bienes por un monto muy distinto al que en su momento declaró ante la Secretaría de la Función Pública: 51 millones de pesos. Recurriendo a "familiares, empresas y presuntos prestanombres", se había "hecho de un imperio inmobiliario de 25 propiedades (23 casas y dos terrenos) con un valor aproximado de más de 800 millones de pesos".[23]

Con información revelada un mes más tarde se supo asimismo de un conflicto de interés no declarado, ya que se le reconocía como dueño de por lo menos 12 empresas; de 2001 a 2017, la familia Bartlett constituyó 10 sociedades, cinco encabezadas por su pareja, Julia Abdala Lemus, y cinco por su hijo, León Manuel Bartlett Álvarez. En dos más, el titular de la CFE participaba directamente: dichas empresas —creadas antes de 2000— seguían vigentes en el Registro Público de Comercio de la Secretaría de Economía. Una de las empresas de Julia Abdala, llamada JAL Consultoría Especializada, ofrecía servicios relacionados con el sector en el que Manuel Bartlett tenía responsabilidad pública: fibra oscura y ahorro de energía. León Manuel Bartlett Álvarez estaba al frente de Cyber Robotic Solutions, que en la administración de López Obrador ya había obtenido un contrato por más de 2 millones de pesos, nada menos que por asignación directa del Ejército.[24]

Como consecuencia, la Secretaría de la Función Pública, una de las instancias que forman parte del SNA, abrió una investigación. En este caso, el involucramiento de las demás instancias del sistema fue nulo. Derivado de ello, la coordinación, interacción, y el ejercicio de pesos y contrapesos para cuidar al máximo la imparcialidad de la pesquisa no existió prácticamente en ningún sentido.

La SFP fue la única institución a cargo de la investigación; se ignoró por completo el rol que debería haber jugado el SNA y las instancias que lo conforman. El desdén, en este caso, provino de una parte integral del sistema, lo que resulta confuso.

Entre el inicio del escándalo, en agosto de 2019, y diciembre del mismo año, cuando concluyó la investigación exonerando a Bartlett de haber incurrido en conflicto de interés alguno o en ocultamiento de un patrimonio injustificable, el Pleno del SNA sesionó en dos ocasiones y en ninguna de ellas se tocó el tema.[25] La fiscal especializada, María de la Luz Mijangos —quien a su vez presentaba un conflicto de interés como esposa de un colaborador cercano de Manuel Bartlett— comentó en una entrevista con la periodista Carmen Aristegui, transmitida en vivo el 11 de septiembre de 2019: "Revisaremos sus declaraciones patrimoniales, los bienes declarados y lo contrastaremos con las investigaciones que se presentan en la denuncia, los datos que derivan de esta investigación periodística. Se revisará en el caso de que no sean bienes adquiridos por él directamente, veremos si existe una vinculación con los bienes adquiridos por otras personas".[26]

Hasta hoy no sabemos si se llevaron o no a cabo estas indagatorias, pues el "Informe técnico de la investigación iniciada sobre el director general de la Comisión Federal de Electricidad", presentado por la SFP el 19 de diciembre de 2019, no las refiere. De hecho, menciona que "Durante los últimos tres meses, se realizó alrededor de media centena de diligencias ante 15 instancias públicas y privadas de los órdenes federal y estatal". De estas últimas, ninguna era parte del SNA.

Instancia del SNA	Involucramiento (sí / no)	Interacción (exitosa / fallida / inexistente)
Comité Coordinador	No	Inexistente
Comité de Participación Ciudadana	Sí	Fallida
Inai	No	Inexistente
Fiscalía Especializada de Combate a la Corrupción	No	Inexistente
Tribunal Federal de Justicia Administrativa	No	Inexistente
Auditoría Superior de la Federación	No	Inexistente
Consejo de la Judicatura Federal	No	Inexistente

Como podemos ver, solo el Comité de Participación Ciudadana interactuó con la SFP con respecto a este caso: lo hizo mediante un pronunciamiento *ex post* a la publicación del informe, sin ningún tipo de retroalimentación subsecuente. El posicionamiento fue publicado el 23 de diciembre, cuatro días después de la exoneración a Bartlett ante las denuncias de enriquecimiento ilícito y conflicto de interés. En un tono de reconvención por la forma en que se condujo la SFP al relegar la actuación coordinada del sistema, el Comité de Participación Ciudadana señaló que "El espíritu del Sistema Nacional Anticorrupción pretende que los alcances de una de sus instituciones sean complementados por las facultades del resto y que así los actos que pudieran verificarse como efectivamente corruptos no escapen al escrutinio público y a la sanción debida".[27] Más adelante hace un reproche sobre las consecuencias de la actuación unilateral de la SFP, desdeñando la existencia del sistema a riesgo de ser parcial:

> Somos del parecer que el genuino combate a la corrupción debe basarse sobre no menos de tres pilares: la legalidad, la imparcialidad y la credibilidad; por tanto, dicho combate no puede obviar ni trascender disposiciones del marco legal, debe exhibir evidencias de que no hay distingos para aliados o adversarios de la administración en turno y no debe dejar margen de sospecha respecto de las acusaciones de los encargados de tan delicada encomienda. Desde el CPC pugnaremos siempre por el respeto a estos principios, que consideramos deben ser también los del Comité Coordinador del Sistema Nacional Anticorrupción.[28]

¿QUÉ PENSAR?

El SNA debería ser una instancia de coordinación, el espacio por antonomasia donde las instituciones de los tres niveles de gobierno y los tres Poderes de la Unión responsables del combate a la corrupción se encuentren para interactuar, colaborar, disentir, discutir, ejercer pesos y contrapesos; por ley, el sistema es el entorno legal y físico para la prevención, detección y sanción de actos de corrupción como el soborno, el enriquecimiento ilícito, el lavado de dinero y el conflicto de interés (presentes en los casos ya analizados en este capítulo). Sin embargo, es perceptible que hay quienes se oponen a su cabal implementación, y quienes simplemente lo ignoran. El desdén y el ataque han sido claves para tener hoy en día un sistema menoscabado, con sus atribuciones disminuidas: se le permite opinar sobre la forma en que se puede mejorar el combate a la corrupción y su entramado legal, pero no más. Cuando se trata de aplicar la justicia, cada quien lo hace por su cuenta. El corolario de debilitar al SNA es que siga habiendo corrupción e impunidad, que se siga usando la lucha anticorrupción como un arma política para perseguir a opositores, encubrir a aliados y acabar con la reputación de los detractores.

También a inicios del presente sexenio, el líder del sindicato de Pemex, Carlos Romero Deschamps, fue denunciado por fraude y enriquecimiento ilícito. Tras desaparecer de la escena pública, probablemente fuera del país, renunció al sindicato luego de cinco sexenios; lo encabezó desde 1993, pocos años después de la aprehensión de La Quina. Varias veces había sido legislador por el PRI.

En resumen, a pesar de las intenciones y declaraciones presidenciales, continuaban los casos de corrupción y falta de rendición de cuentas en el primer año de gobierno de López Obrador. Lo grave es que funcionarios del más alto nivel en la nueva administración estaban involucrados, como el director general de la CFE, lo que acabó en lo que considero el más elocuente ejemplo de justicia selectiva.

El segundo caso grave expuso a la secretaria de Gobernación, la ministra de la Suprema Corte en retiro Olga Sánchez Cordero, por haber omitido, de nueva cuenta, información en su declaración patrimonial. Esto sucedió en febrero de 2019 y no tuvo consecuencias, lo que da cuenta de la inocuidad de las declaraciones de funcionarios.

Un tercer escándalo, que al parecer quedará impune, tuvo como centro de atención al jefe de la Oficina de la Presidencia de la República. Una investigación realizada por CONNECTAS, *Aristegui*

Noticias, *Proceso*, *Ruido en la Red*, Univisión y *Vice en Español*, con el apoyo del International Center for Journalists (ICFJ), reveló el destrozo ambiental que la empresa Enerall ha causado en Yucatán; Alfonso Romo era su presidente, aunque había renunciado en noviembre de 2018 para comenzar su encargo oficial. Esto, sin embargo, es un indicio de conflicto de interés. Aún no se sabe si existirá una investigación por parte de las autoridades y, de ser el caso, si replicarán el desastroso papel de la SFP en la exoneración de Manuel Bartlett.

Como mencioné anteriormente, Mexicanos Contra la Corrupción y la Impunidad desentrañó un caso de corrupción más que involucraba al entonces delegado federal en Jalisco, Carlos Lomelí Bolaños:

> Familiares y colaboradores de Carlos Lomelí Bolaños, hoy súper delegado en Jalisco, forman parte de una red de empresas que venden medicamentos a gobiernos. Esas compañías ya han recibido contratos de la actual administración federal por un monto de más de 164 millones de pesos. Y quienes han fungido como socios y apoderados de las mismas han participado también, incluso simultáneamente, en las farmacéuticas que Lomelí reconoce como suyas. Además, las compañías han competido entre sí en al menos una licitación, han sido denunciadas por vender medicamento falso y por sobreprecios. Esta red comparte otra cosa con las factorías del funcionario: según documentos oficiales, varias están ubicadas en predios que pertenecen al morenista.[29]

La presión en medios llevó a Lomelí a renunciar en julio de 2019. Sin embargo, nunca fue objeto de investigación alguna por responsabilidades fehacientes al incurrir en conflicto de interés y tráfico de influencias en la obtención de licitaciones y adjudicaciones gubernamentales, lo que resulta preocupante: lo dejaron irse impune.

Además de estos, cotidianamente se ventilan actos de corrupción de la nueva élite política en el poder: *moches* en el Senado, nepotismo en la burocracia, sobornos para pasar leyes, conflictos de interés en el nombramiento de ministros de la Suprema Corte de Justicia de la Nación. El resultado, sin embargo, ha sido optar por el olvido: enterrar los escándalos y no tocar a ningún aliado.

Podemos afirmar que sería un error costoso utilizar facciosamente la lucha anticorrupción como arma política, y no como una bandera en favor de la ética y la honestidad. El gobierno ofrece la impresión de que la justicia se ejerce de manera selectiva: se toman decisiones acerca de a quién perseguir y a quién no. Un ejemplo adicional de ello es la decisión de López Obrador de no perseguir a expresidentes por casos de corrupción, como lo fue la casa blanca de Enrique Peña Nieto.

ACIERTOS Y DESACIERTOS DE LA 4T A TRES AÑOS DE GOBIERNO

Cuando hablo de gatopardismo no quiero incluir al régimen actual, porque aún le queda tiempo para demostrar su adhesión a una lucha genuina. Pero ya en esta primera mitad de la administración las señales son confusas, y en algunos casos nos dejan entrever que, una vez más, quienes detentan el poder —en este caso una nueva élite— pueden sucumbir ante el *statu quo*. En otras ocasiones se denota un gobierno que encara sus propios fantasmas mientras se envuelve en el manto de la honestidad y toma decisiones acertadas. La realidad es compleja, y entre pros y contras, el régimen se encuentra en un punto de inflexión crítico para inclinar la balanza hacia un lado u otro. Lo único que no se pone en duda es que la sociedad en su conjunto debe presionar a las autoridades para que no se conformen con haber cambiado a la élite en el poder, sino que cumplan con su encomienda de transparencia y honestidad por el bien de la nación.

A tres años de gobierno, la balanza da visos de inclinarse hacia el fracaso. O, poniéndolo en términos del libro, estamos frente a un virtual gatopardismo. Veamos nuevas evidencias.

Irma Eréndira Sandoval, la sucesora de Virgilio Andrade

Entre 2018 y 2021, Irma Eréndira Sandoval trabajó como secretaria de la Función Pública. Su rol parecía, al inicio del actual sexenio, de la mayor prioridad y trascendencia pues el combate a la corrupción es, por mucho, la estrategia clave para que la Cuarta Transformación logre reformular las prácticas y eliminar las mañas de la burocracia gubernamental. En poco tiempo, esta aspiración se vio opacada por el uso faccioso de sus atribuciones. El primer gran reto le llegó muy pronto. Tras el escándalo de Manuel Bartlett y su incompleta, por decir lo menos, declaración patrimonial, fue inevitable que se iniciara una investigación por la magnitud de la crisis.

El desempeño de Sandoval fue más que satisfactorio a los ojos de su jefe y sus compañeros de partido. Llevó a cabo un proceso a la medida, emulando los pasos y las conclusiones de Virgilio Andrade cuando exculpa al entonces presidente Enrique Peña Nieto y a su esposa, pero sin asumir los costos. A diferencia de los enormes costos políticos para el gobierno del priista Peña Nieto, que acabaron prácticamente con el magro capital político que le quedaba, el informe y conclusiones presentados por la secretaria Sandoval desinflaron la presión sobre el caso. El impacto mediático y la presión pública disminuyeron a partir de la decisión de la Secretaría de la Función Pública de exonerar Manuel Bartlett. Hoy en día, incluso se considera al director de CFE en un amplio sector de la coalición gubernamental como el adalid de la soberanía nacional por su papel en la reforma eléctrica que se ha propuesto al Congreso.

Tras una primera prueba de fuego, la secretaria continuó con su desempeño viendo en primera instancia por intereses de facción. Leal al presidente en cuanto a sus funciones encomendadas, Irma Eréndira contribuyó paulatinamente al debilitamiento del SNA, que no era del agrado del presidente. La aquiescencia en Palacio Nacional era más relevante que un verdadero combate frontal contra los corruptos y sus prácticas atávicas. Por ello, no tuvo escrúpulos a la hora de omitir investigar a Felipa Obrador, la prima del presidente. La persecución selectiva contra actos de corrupción fue moldeando la estrategia institucional de la dependencia a su cargo. Al final de cuentas ya había comprobado que los costos políticos serían mínimos.

Felipa Obrador recibió contratos por adjudicación directa de Pemex. Contratos que en conjunto suman 465 millones de pesos. Felipa es ese ejemplo de decisiones gubernamentales que llaman a la alerta. Nepotismo y conflictos de interés resuenan en el aire. Lo mínimo que habría que hacer es llevar a cabo una investigación administrativa para reconocer el delito o su ausencia. Función pública no metió las manos, incluso una vez que el presidente había aceptado la existencia de aquellos contratos, debía abrirse una investigación y buscar llegar a las últimas consecuencias. En respuesta, el pasmo. La prima Obrador mantiene contratos con el gobierno federal.

Con más lealtad hacia el presidente que convicción para contener a los corruptos, Irma Eréndira Sandoval siguió simulando. En el discurso, estaba comprometida con construir un sistema de compras gubernamentales con los criterios más estrictos para prevenir la corrupción. En la realidad, permitió el abuso, por ejemplo, de las adjudicaciones directas. En 2019, primer año del actual gobierno, 78.49% de los contratos contraídos por la administración federal se entregaron sin concurso. En discordancia con esta realidad, la secretaria afirmaba que se habían reducido en 30%, aun cuando se trataba del porcentaje más alto desde 2010. Pero en los detalles, en los casos particulares, es donde está el agravio mayor.

Tres ejemplos paradigmáticos y clave para visibilizar la simulación:

El hijo de Manuel Bartlett, **León Manuel**, vendió ventiladores usados y a sobreprecio al IMSS durante el momento más álgido de la pandemia por covid-19. Tras el escándalo que explotó en medios, la SFP inhabilitó a la empresa Cyber Robotic Solutions en dos ocasiones impidiéndole celebrar contrataciones públicas por 24 y 27 meses, más una multa de 2 millones de pesos. Más tarde esta decisión fue suspendida por el TFJA. De nueva cuenta, la SFP inhabilitó por tercera ocasión a la empresa. Sin embargo, tiene hasta siete contratos con diferentes dependencias de la administración pública federal.

Carlos Lomelí, quien al inicio del sexenio fue nombrado "superdelegado" del gobierno federal en Jalisco, incurrió en conflicto de interés cuando una de sus empresas, Abisalud, recibió en 2019 un contrato bajo el esquema de adjudicación directa por un monto de 7.54 millones de pesos de manos del Centro de Alta Especialidad de Chiapas, que depende de la Secretaría de Salud federal. De nueva cuenta, fue a causa de una investigación periodística que salió a la luz el involucramiento de Lomelí en el caso. La SFP abrió siete diferentes investigaciones contra Lomelí al tiempo que este renunciaba al cargo. La secretaría inhabilitó a Abisalud y Sofrán del ahora exsuperdelegado. Sin embargo, como lo detalla *Expansión Política*, la primera continuó recibiendo contratos según la base de datos de Compranet y la segunda recibió una suspensión del TFJA, por lo que sigue estando en el padrón de proveedoras del gobierno federal. El mismo destino que Abisalud y Sofrán han salvado otras 12 empresas de diversos giros.

Zoé Robledo, actual director del IMSS, se vio envuelto en un escándalo que derivó en denuncias ante la SFP, por haber incurrido en conflictos de interés, pues empresas en las que participan familiares suyos recibieron contratos por diversas dependencias, incluyendo una adjudicación directa para un contrato de monitoreo de medios otorgado a su hermano por parte del propio IMSS. También recibieron contratos por parte del Banco del Bienestar y el gobierno de Puebla. Irma Sandoval inició una investigación sin mayores resultados.

Las dos hipótesis que surgen a primera vista son: *a)* que la secretaria Irma Eréndira Sandoval actuó de manera simulada para dar la impresión de luchar frontalmente contra la corrupción venga de donde venga, incluso a pesar de que dichos actos provengan de personas militantes del partido oficial; o *b)* que su desempeño ha sido ineficaz y ha estado plagado de incompetencias, pues no ha logrado consolidar casos robustos incontestables.

La primera hipótesis resuena plausible pues el presidente en ningún momento decidió remover a la secretaria por su desempeño al frente de la secretaría. Ni siquiera cuando se hizo público que había recibido un terreno por parte del gobierno, además de cinco propiedades que adquirieron en nueve años. Dicha información no se reflejaba en su declaración patrimonial. En aquella ocasión, un coro unísono por parte de colegas de gobierno la defendió y execró a quienes desvelaron el escándalo.

La remoción de Irma Sandoval ocurrió cuando contravino la decisión del presidente de abanderar como candidato a la gubernatura de Guerrero a Félix Salgado Macedonio en los comicios de 2021. Su salida fue a causa de su deslealtad, no de su desempeño. Es decir, las decisiones que tomó dentro de sus funciones como encargada de combatir la corrupción nunca fueron vistas como un desacierto, pues dedicó su gestión a enfrentar la corrupción que provenía de la oposición y a solapar, en el menor de los casos, y a defender, en el peor de ellos, los actos de corrupción imputados a compañeros de movimiento y de partido.

LA SOMBRA DE LOS VIDEO ESCÁNDALOS

La política mexicana del siglo XX ha vivido los estragos de los escándalos provocados por la presentación a medios de videos donde aparecen políticos cometiendo en flagrancia actos de corrupción. Uno de los protagonistas que tangencialmente han sido expuestos es el hoy presidente de México. Desde René Bejarano y Carlos Ímaz en 2004, hasta Pío Obrador en 2020, los tres recibiendo dinero en efectivo para presuntamente financiar campañas electorales. En 2004 el escándalo tuvo un costo político muy alto. Hoy, lo que pareciera un evento grave ha resultado una anécdota más en la retahíla de escándalos que parecen no tener mayor impacto y cada vez menores consecuencias. En 2004, los implicados fueron a prisión. El día de hoy, el hermano del presidente y quien entregó el dinero siguen en la impunidad, en procesos de investigación que seguramente están archivados en la FGR.

LOS MESES DE EMILIO LOZOYA EN MÉXICO

Transparencia y rendición de cuentas sui generis

Desde el sexenio de Enrique Peña Nieto se erosionaron algunos mecanismos y se debilitó a las instituciones promotoras de la transparencia y la rendición de cuentas. El actual gobierno ha profundizado esto de manera *sui generis*.

De lunes a viernes, todas las mañanas el presidente ofrece una conferencia de prensa a partir de las 7, la que puede extenderse por más de dos horas; es un ejercicio inédito de comunicación y de rendición de cuentas con ventajas y desventajas. La principal es que, invariablemente, López Obrador argumenta cada postura esgrimida y cada decisión tomada. Se enfrenta a los medios de comunicación sin mediar distancia. La sociedad en su conjunto conoce de su boca qué se propone y qué omite, cuáles son sus prioridades, cuáles sus pesadillas y los que considera sus éxitos. No obstante, esta omnipresencia opaca el desempeño cotidiano del gobierno, lo que hace que no se tenga la transparencia adecuada y una apropiada rendición de cuentas por parte de las instituciones.

Al día de hoy, los programas de desarrollo social no cuentan con reglas de operación; el Coneval ha sido desmantelado; las cifras de violencia no son del agrado presidencial, por lo que se modifica la metodología para medirlas; se sabe que al presidente no le gusta la institución encargada de defender el derecho a la transparencia y al acceso a la información gubernamental; los padrones de beneficiarios de programas sociales no son públicos; no hay indicadores de desempeño de muchas políticas; no aclarar los cuestionamientos y asumir que se tienen "otros datos"[30] impide la posibilidad de un diálogo real y la rendición de cuentas.

LA FE Y LA RAZÓN EN EL COMBATE A LA CORRUPCIÓN

México ha sufrido de corrupción desde la Colonia hasta nuestros días. La corrupción es multidimensional; tiene razones económicas, sociales, culturales e históricas. Sin embargo, los mexicanos no son corruptos por naturaleza: más bien, son sujetos de la corrupción surgida del Estado moderno, y que se acentúa cuando ese Estado es más poderoso. Los cambios y promesas de cambio, de luchar contra la corrupción, solo han sido gatopardismos: no acaban con ella, pero sí cambian a la élite en el poder.

El actual gobierno es la más reciente promesa de cambio. La historia juzgará si logró transformar al país mediante una lucha real contra la corrupción. A tres años del sexenio, juzgar su papel en la historia es muy arriesgado. Lo que sí es posible es juzgar sus acciones inmediatas, y estas, en general, nos dejan una sensación de ambivalencia. Está desmantelando el Sistema Nacional Anticorrupción, pero no parece tener una política diferente a la voluntariosa de que, si el presidente no es corrupto, los demás funcionarios tampoco lo serán. Están llevando a sus últimas consecuencias casos de corrupción escandalosos; no obstante, protegen a quienes flagrantemente han incurrido en actos de corrupción, pero son aliados. El caso de Manuel Bartlett podría ser el indicio de que la corrupción seguirá, pese a que hayan cambiado quienes detentan el poder. Espero equivocarme.

La era de la autoproclamada "Cuarta Transformación" en la historia de México, que se supone que parte de los preceptos de la Independencia en 1821, es, hasta donde tengo conocimiento, la primera ocasión en que se presenta un debate sobre combatir la corrupción como un acto de fe o hacerlo por virtud de las leyes e instituciones.

Por un lado, derivado de la misma naturaleza de la gestión presidencial de Andrés Manuel López Obrador, quien se ha propuesto erradicar la corrupción por medio de su propia ética de honestidad, se da por hecho que esta se diseminará al resto del Poder Ejecutivo: la honestidad como un acto de fe personal e indiscutible. Por otro, existe convicción y confianza en las normas e instituciones. Pero sin reglas claras, sin instituciones que las ejecuten y administren y un Estado de derecho que las garantice, la corrupción seguirá vigente, de eso no hay duda. La fe contra la razón.

El dilema, por tanto, es falso. Las reglas y las instituciones solo podrán ser efectivas si la clase política utiliza el poder en bien del país y no abusa de él. Solo con una élite política honesta y con las herramientas necesarias para contener el embate de los corruptos, dicha campaña tendrá éxito.

Ni la razón es "neoliberal" ni la fe es de izquierda; sería un grave error mantener este conflicto porque ambas partes fracasarán. Lo que se requiere es un espacio de diálogo en que las dos visiones se entiendan y complementen. Las instituciones y las leyes son un elemento fundamental para combatir la corrupción, y un liderazgo real y honesto es necesario para fortalecer esas instituciones y esas leyes. Sin voluntad política, la ley y el Estado de derecho serán letra muerta. Sin instituciones que lo avalen, el liderazgo político podría caer fácilmente en el uso de la justicia de manera selectiva, como revancha o estrategia partidista.

Mientras no eliminemos el dilema, el riesgo del fracaso es muy alto.

Conclusión

Mi propósito al terminar esta obra es alertar sobre un presagio de gatopardismo mexicano en nuestro tiempo. En la historia de nuestro país, el gobierno de Andrés Manuel López Obrador es tan solo la más reciente campaña o movimiento que consigue modificar los equilibrios de poder, sustituyendo una casta política por otra, con la promesa de un cambio radical de régimen; desde las reformas borbónicas, mucho antes de la lucha de independencia, se puede trazar una dinámica similar. Por desgracia, lo único que suelen transformar estos movimientos es el cariz de quien detenta el poder, porque la pobreza sigue, la desigualdad sigue, la impunidad sigue y, desde luego, la corrupción sigue con su llama inagotable, eterna.

La alerta, como la propia acepción lo determina, es una situación de vigilancia o atención; es un aviso o llamada para ejercer la cautela. Es necesario, entonces, observar cuidadosamente que el gobierno actual no se convierta en un episodio más de gatopardismo. Si la nueva casta política cambia todo para mantener las cosas igual, los efectos podrían ser aún más negativos que en ocasiones anteriores. La inconformidad y la rabia de la sociedad, acumulados durante décadas, principalmente desde el sexenio de Miguel Alemán y acentuados en el de Enrique Peña Nieto, generaron una esperanza inversamente proporcional y por eso mismo la decepción podría ser descomunal.

Abstenerse por enésima ocasión de combatir realmente la corrupción en México conllevaría, aunque resulte una obviedad decirlo, efectos nocivos para la estabilidad, la viabilidad y la sustentabilidad del Estado en el conjunto. De acuerdo con Leslie Holmes,[1] la corrupción impacta negativamente a la sociedad, al medio ambiente, a la economía, al sistema político y legal, a la seguridad y al rol de un país en el concierto internacional.

No combatir frontalmente la corrupción afecta a la sociedad en varias formas, en particular a la gente común y a aquellos con menos ventajas; las más visibles, quizá, son las que impactan la vida cotidiana. Ejemplos sobran: la escasez y mala calidad de los medicamentos y los servicios de salud; las deficiencias en la educación y los servicios —limpieza, vialidades, trámites burocráticos, entre otros—, la falta de acceso a vivienda. Estos son solo algunos casos concretos. De igual manera, los actos de corrupción inciden en la brecha entre las élites y la gente "normal", acentúan la desigualdad y fomentan la desconfianza (en un círculo vicioso, porque el recelo ocasiona mayor corrupción). Tautológicamente, la corrupción impide la transformación a una vida digna en términos de salud, educación, vivienda.

Con respecto al medio ambiente el reto es más grande: lograr su sostenibilidad. Holmes cita en este punto de manera textual a la Oficina de las Naciones Unidas contra la Droga y el Delito (UNODC, por sus siglas en inglés) al decir que la corrupción incide en el medio ambiente, con "prácticas como el fraude durante la instrumentación de programas ambientales, gran corrupción en la concesión de permisos y licencias para la explotación de recursos naturales y pequeños sobornos a los agentes de la ley".[2] En México, estos mecanismos afectan al campo y sus productores, generan impactos negativos en los proyectos de desarrollo de gran envergadura al desestimar el daño ambiental, perjudican los proyectos energéticos, deterioran la vida de comunidades marginadas, y sin lugar a dudas destruyen ecosistemas y atentan contra las especies animales.

La economía sufre cuando la corrupción se interpone. Hay un efecto negativo en la competencia, en la confianza de los inversionistas nacionales y extranjeros, incluso en el nivel de recaudación del Estado (derivado de las *mordidas* y de la evasión fiscal, motivados por la falta de confianza en que los impuestos se empleen de manera eficiente y legal). Holmes, además, añade otro factor negativo a considerar, la corrupción social.[3] Las personas honestas y calificadas pueden verse imposibilitadas para acceder a un trabajo bien remunerado y con expectativas de crecimiento debido a fenómenos regulares como el nepotismo o el amiguismo. En el país se adolece de este mal desde tiempos remotos, eso no cambia.

El sistema político se erosiona con actos de corrupción que atentan contra una democracia sana, estable y predecible. El caso más evidente e ilustrativo es el del sistema electoral. El dinero ilegal en las campañas, producto del desvío de recursos públicos; el rebasar los topes de gastos, el lavado de dinero, afectan la competencia y mantienen el poder en manos de las élites que lo consiguen. Aunado a ello, la impunidad prevaleciente ha permitido el enraizamiento de las actividades corruptas en la búsqueda por el poder público.

La inseguridad es otro problema multidimensional en el que la corrupción y la impunidad juegan un papel determinante. La colusión entre el crimen organizado y los servidores públicos, la infiltración de los primeros en el gobierno, la extorsión a políticos y a particulares, son solo unos ejemplos de las maniobras del crimen para deteriorar la seguridad de la gente.

En el ámbito internacional este panorama mina la confianza de los inversionistas extranjeros y en las relaciones bilaterales y multilaterales. El contubernio entre el crimen organizado y las autoridades —aduanales, por ejemplo— vuelve muy porosas las fronteras al tráfico de drogas y de armamento para los grupos criminales. Las empresas toman decisiones de invertir en uno u otro país contemplando diversos factores, y uno de ellos es la seguridad allí donde establecerán una planta o una oficina de representación.

Es impostergable combatir de verdad la corrupción, Para ello, son absolutamente necesarios los aportes de políticos, especialistas y de la gente en general para proponer leyes e instituciones que abatan esta plaga. Considero valiosa la participación del presidente en una campaña permanente para convocar a la probidad. Sin embargo, todo será inútil si la clase política que detenta el poder vive en un estado de simulación constante.

EL TRISTE CAMINO DE LA TRANSFORMACIÓN AL GATOPARDISMO

La historia no se decreta, se edifica. Hace falta mucho más que un discurso, mucho más que nombrar y autonombrarse.

La administración del presidente Andrés Manuel López Obrador se ostenta en el discurso como la "Cuarta Transformación de la vida pública de México". Se autodenomina un hito histórico del tamaño de la Independencia en 1821, el periodo de la Reforma liberal y la Revolución mexicana (primera revolución social del siglo xx en el mundo). Pero para ello la distancia es larga y el éxito incierto.

El movimiento que encabeza el presidente apenas comienza el camino de obstáculos, dilemas, encrucijadas y, por supuesto, oportunidades. Todavía es posible ganar o perder. En este sentido, son tres posibles derroteros los que puede seguir:

El primero es el del éxito. La Cuarta Transformación llegará a la meta siendo en verdad el cuarto gran hito de la historia moderna de México si se toman las decisiones correctas, se combate la corrupción, se abate la desigualdad y se aminora la inseguridad.

El segundo es el camino del fracaso: tener un saldo de pifias mayor al de triunfos. Se perdió, pero se luchó por ganar. Francisco Ignacio Madero podría ser un ejemplo de ello. Murió en 1913, como epílogo a la llamada "Decena trágica", a manos de un grupo traidor a la esencia del movimiento que encabezó. Es irrelevante una reflexión ucrónica sobre lo que hubiera sucedido de no haber muerto por órdenes de Victoriano Huerta, si no lo hubiese convertido en su jefe militar; no tiene sentido. Sí tiene sentido, en cambio, afirmar que la Revolución mexicana tuvo una ruta distinta sin él, un camino de derrota de su espíritu original. Lo mismo pasó, quizá, con los primeros conspiradores de la Independencia.

El tercer derrotero es el del gatopardismo: cambiar todo para que no cambie nada. Ni victoria ni derrota, sino la mísera y vergonzosa nada. A diferencia del segundo —la derrota—, en el gatopardismo el grupo político dominante se erige como bandera de la transformación, revolución, revuelta o reforma, y se mantiene en el poder aun cuando no se materialice la promesa de cambio. De hecho, la transformación es lo menos importante, lo relevante es conservar el poder sin modificar radicalmente nada más. Incluso, su estrategia más socorrida es la simulación.

A poco más de tres años de distancia de la juramentación de López Obrador como presidente, veo un riesgo cada vez mayor de que la 4T se encamine fatalmente hacia la tercera posibilidad. Es necesario prender las alarmas y entender que los deseos de cambio fundamentales se van diluyendo mientras el nuevo grupo en turno comienza a sentirse a gusto con las prácticas y las instituciones de siempre. Habrá que recordar la decepción que significó la presidencia de Vicente Fox: la expectativa que conllevaba su candidatura incluía la promesa de un giro de 180 grados en la vida política del país. Tras una década de apertura democrática derivada de presiones de la sociedad civil, y en particular de los partidos de oposición al régimen del PRI, los cambios se fueron sucediendo hasta llegar a la derrota de este partido en las elecciones de 2000. Previo a este suceso —que podemos ver al paso del tiempo con desilusión, como un hito fallido de nuestra historia—, los pasos dados para construir un régimen democrático consistieron en la creación de un instituto electoral realmente autónomo en 1995; la composición del Congreso en 1997, que le implicó al PRI perder la mayoría absoluta en la Cámara de Diputados; en el mismo año, la victoria de Cuauhtémoc Cárdenas, líder de la izquierda mexicana abanderada por el Partido de la Revolución Democrática, como primer jefe de Gobierno electo de la capital, llamada entonces Distrito Federal. La senda estaba pavimentada para la llegada de una gran transformación en la vida política nacional. Sin embargo, los años no fueron benevolentes con el resultado. Tenemos una democracia que no se consolidó por el camino correcto.

De nueva cuenta, el grueso de la población exigió en las urnas el 1 de julio de 2018 un cambio sustantivo en la forma de abordar la desigualdad, la inseguridad, la pobreza, pero, sobre todo, en la manera de enfrentar la corrupción y la impunidad, que son origen de todos los problemas políticos y sociales. Queda esperar que no termine todo en una farsa, porque los costos serían demasiado altos.

En los últimos días de 2021, al reparar en lo que se ha alcanzado, pareciera que una vez más se está perdiendo el camino, dando paso a una cada vez mayor resistencia a realmente enfrentar el problema y no solo a usar las herramientas para combatirlo en perjuicio de la clase política que se quiere destruir para consolidar la que predomina actualmente.

El más alarmante indicio de que vamos perdiendo el camino de nueva cuenta es que se ha venido normalizando una nueva concepción de corrupción. Si antes era el abuso de poder público para beneficio privado, hoy es sinónimo de oposición al grupo político que detenta el poder. Los otros, los que no forman parte de la 4T son, por antonomasia, los corruptos. Esto puede descarrilar cualquier estrategia para de verdad combatir la corrupción.

Corrupcionario por erradicar

"Acéiteme la mano": otra forma de pedir *mordida* para no aplicar reglamentos, en especial los de vialidad.

"Ayúdame a ayudarte": frase en respuesta a alguna petición de índole burocrática: si me ayudas (entregas dinero), te ayudo (resuelvo tu problema).

"¿Cómo nos arreglamos?": respuesta frecuente de los automovilistas detenidos por cometer una infracción vial, se trata de una oferta de soborno para que el policía perdone la multa. También se utiliza para ofrecer dinero a cambio de un favor indebido.

"Con dinero baila el perro": una forma de decir que si existe una gratificación, se puede superar cualquier obstáculo con la burocracia mexicana.

"Lo dejo a su criterio": cuando algún automovilista es detenido por un agente de vialidad, lo primero que escucha es la lista de infracciones cometidas y el monto de la sanción por cada una. Pero luego viene la solución: "Lo dejo a su criterio", una forma de sugerir que con una gratificación —conocida en México como *mordida*— es posible salir del problema.

"Ponerse guapo": significa ofrecer un regalo caro u ostentoso, o una cantidad jugosa, para obtener o asegurar un favor indebido: acelerar un trámite, modificar una acusación penal, ganar un contrato con el gobierno...

DE POLÍTICOS Y LA HISTORIA

"Agilizar la gestión tiene su precio": frase de un burócrata corrupto para solicitar un *moche* a un solicitante de trámites públicos a cambio de acelerar el resultado.

"Ahórrate la multa, ponle algo": cuando se ha incurrido en alguna infracción y la autoridad solicita un soborno de menor cuantía a cambio de no proceder conforme a la ley.

"Ahórrate los trámites con una aportación voluntaria": expresión de burócratas para solicitar *mordida* o *moche* a cambio de dispensar un procedimiento administrativo.

"Año de Hidalgo": cuando concluye la administración arrecia el saqueo. Sucede en el último año antes de entregar la oficina al próximo presidente. La frase completa es "Es año de Hidalgo, chingue a su madre quien deje algo".

"Apórtele al morral": expresión rural para recolectar recursos sin un fin específico; sinónimo de solicitar recursos de manera indebida —*moche*— a una persona.

Aviador: cínico que devenga un sueldo en la administración pública sin acudir nunca o casi nunca a su centro de trabajo. Miembro de alguna nómina oficial sin más mérito que pertenecer a algún partido o asociación política.

"Bajar recursos": actividad que desarrollan dirigentes y representantes de organizaciones para obtener recursos públicos de programas gubernamentales. En ocasiones, dicha gestión se desarrolla en complicidad con funcionarios a cambio de un *moche* por la autorización de los fondos.

Cabildeo: acto de cualquier seudoempresario o grupo de estos para convencer a quienes "reparten el queso" nacional de no afectar, o mejor aún, favorecer sus no siempre legítimos intereses.

Charolear: anteponer el cargo público y las influencias para conseguir algo.

Chayote: soborno a reporteros, fuente principal de alimentación de los "periodistas" más cercanos al poder.

"Código 38": en la CDMX, frase policiaca para dejar transitar a quien se ha extorsionado previamente.

"Cómo quieres que te ayude si no me motivas": argumento de burócratas para incidir en las personas que realizan alguna gestión, con la finalidad de que les ofrezcan alguna *mordida* o *moche* a cambio de favorecer su trámite.

"Consíguete un abogánster": consejo para quien tiene problemas con la autoridad y no está dispuesto a pisar la cárcel; hallar a un abogado experto que arregle la dificultad incluso corrompiendo a la autoridad.

"Cortina de humo": expresión utilizada para identificar distractores ofrecidos a la opinión pública, los que tienen como finalidad apartar la atención de los ciudadanos de acciones como aumentos de impuestos, alzas a la gasolina, una ley absurda o demás conductas deshonestas.

"Cuando el barco se hunde, las ratas son las primeras en salir" o "Esto huele feo": metáfora utilizada para explicar un cambio inesperado en la administración pública que podría afectar a burócratas corruptos, por lo que, antes de serles fincadas responsabilidades, renuncian a su cargo.

Cuatitud: ejercicio del poder con los cuates (amigos), por los cuates y para los cuates.

"Después de tantos años fuera del presupuesto, hay que emparejarse": frase empleada por servidores públicos que permanecieron fuera de la administración durante un periodo prolongado, y que a su reincorporación buscan hacerse indebidamente de recursos cometiendo actos de corrupción.

Diezmo: palabra acuñada para que los fieles aporten 10% de sus utilidades a la Iglesia; utilizada por burócratas para pedir un *moche* equivalente por autorizar permisos, licencias, recursos o contratos.

"El corrupto es como las plantas medicinales, mientras más se le investiga más propiedades se le encuentran": expresión que habla de funcionarios corruptos que se benefician de su cargo.

"El que no transa no avanza": se utiliza en el habla mexicana para pretender justificar de manera cínica por qué se cometen actos de corrupción.

"Es un clon original": expresión de comerciantes que venden productos piratas; al no pagar impuestos, modificaron la tendencia del consumo en la industria musical y del cine debido a sus bajos costos.

"Estás jodido porque quieres, pues estás donde hay": se utiliza para incitar a una persona a que meta mano al presupuesto o los recursos que administra.

"Fulano es lodo de otras aguas": se emplea para distinguir a una persona muy corrupta, o lo contrario, alguien que en su actuar es íntegro, honesto y transparente, es decir, muestra una actitud intachable ante la sociedad.

"Gente agradecida": cuando una persona favorecida con recursos públicos en alguna gestión da, sin habérsele solicitado, dinero en agradecimiento.

"Hacer un bisne": designa el acuerdo que permitirá a algunos obtener dinero de actos de corrupción.

"Hay aves que cruzan el pantano y no se manchan el plumaje, mi pantano es de esos": a contrapelo del poema de Salvador Díaz Mirón.

La "casa blanca": monumento a la corrupción, ícono que marcó el sexenio del presidente Peña Nieto y que indignó a la opinión pública mexicana. Los periodistas que la dieron a conocer fueron despedidos de sus trabajos, presuntamente bajo presión del gobierno.

"La moral es un árbol que da moras": expresión intelectual para criticar la conducta de personas corruptas, haciendo notar que carecen de moral, o que desconocen el concepto. Acuñada por el cacique potosino Gonzalo N. Santos.

"Lo que se queda en la tubería": dirigentes y burócratas se refieren así a los recursos desviados como *moche* a funcionarios o a los porcentajes *agandallados* por quienes gestionan recursos de un programa gubernamental autorizado.

Mapachear: acción del *mapache* o "soldado raso" de los partidos políticos, encargado de que la compra de votos ocurra en armonía.

Moche: cuando algún legislador pide a un presidente municipal o funcionario de rango inferior que "se ponga la del Puebla" para que "le bajen el recurso". Ergo, pide comisión por autorizar recursos para obras públicas.

Mordida: cuando alguien ha cometido un acto ilegal, por lo que se hace merecedor de una infracción o sanción, y a cambio de que no se le aplique ofrece dinero —*mordida*— a la autoridad. Petición de soborno por parte de algún agente de la ley: "dejarse morder"; "andar de mordelón".

"No hay quien se resista a un cañonazo de 50 mil pesos": frase acuñada por el general Álvaro Obregón para señalar que no hay personas honestas si se les llega al precio.

"No importa que robe, pero que salpique": se utiliza para justificar que políticos y funcionarios se enriquezcan en el puesto, siempre y cuando repartan beneficios y no roben para sí todo lo que tienen al alcance.

"No quiero que me den, sino que me pongan donde hay": una forma mexicana de interpretar la parábola de Confucio sobre el pez y el pescador. Quien la utiliza no quiere recibir regalos —aunque no los rechazaría—, sino ser colocado en una posición privilegiada en el gobierno donde pueda enriquecerse. También se usa para describir el esfuerzo personal de progresar sin ayuda.

"No te expongas, vamos a lo seguro": cuando se plantea el *moche* a una persona, garantizándole que se hará la gestión que le beneficiará a cambio del soborno solicitado.

"Ordeñar el presupuesto": el diseño de argucias para exprimir o saquear los recursos gubernamentales.

"Pal chesco": expresión utilizada por la policía de tránsito cuando algún conductor incurre en una infracción; a cambio de no aplicar la multa, le solicita *mordida*. *Chesco* es un modo coloquial de referirse al refresco; "pal chesco" quiere decir "para los refrescos", es decir, algo mínimo.

"Pásale la charola": se utiliza para inducir a un tercero a que solicite *moche* a otra persona; instrucción a un subalterno para que recaude *moche* con tal de dar cauce a un trámite.

"Peso y medida quitan al hombre fatiga": cuando se ofrece dinero a alguien con la finalidad de que destrabe o agilice algún trámite atorado por mucho tiempo.

Piscui: palabra de origen tzotzil empleada en la región de los Altos de Chiapas para referirse al *moche* o *mordida* que deben cubrir por algún trámite.

"Ponte la del Puebla": frase acuñada para solicitar *moche*; alude al uniforme del equipo de futbol poblano, con una franja que cruza la camiseta. Se menciona haciendo con la mano ademán de cortar —*mochar*— en diagonal sobre el pecho.

"Por debajo de la mesa": indica que un asunto tendrá o tuvo arreglo, soborno de por medio, en secreto; con ello se trata de hacer imperceptible el acto de corrupción que se comete.

Prestanombres: persona que acredita falsamente la representación jurídica de una empresa para eludir señalamientos de conflicto de interés en una licitación u otras prácticas corruptas. Suelen excusarse arguyendo que solo son *prestanombres,* tratando de justificar que no son corruptos.

"Renovación moral": frase de campaña y principal política pública del presidente Miguel de la Madrid Hurtado.

"Roba pero hace": expresión de los ciudadanos para reconocer en alguna persona su conducta corrupta, aunque de alguna manera realiza acciones en beneficio de la comunidad o medio cumple con su trabajo.

"Según el sapo es la pedrada": frase de corruptos para diferenciar a sus posibles víctimas considerando su perfil y estrato socioeconómico; esta "unidad de medida" sirve para establecer el monto del *moche* a solicitar.

"Tanto peca el que mata a la vaca como el que le agarra la pata": se emplea para señalar que podrían incurrir en responsabilidades tanto quien comete de manera directa el acto de corrupción como quien tiene conocimiento y no lo denuncia, o las dos partes —el agente y el principal— involucradas.

"Te tienes que solidarizar": frase de burócratas para pedir un soborno antes de autorizar recursos de algún programa gubernamental o licitación pública en concurso; expresión acuñada en el sexenio de Carlos Salinas de Gortari, cuando se operó el programa Solidaridad.

"Un político pobre es un pobre político": acuñada por Carlos Hank González, legendario priista que fue secretario de Estado, gobernador del Estado de México, y jefe del Departamento del Distrito Federal, equivalente al actual jefe de Gobierno de la capital del país.

"Venimos por nuestro techo": expresión utilizada por dirigentes campesinos en las negociaciones ante una dependencia gubernamental —luego de una manifestación o toma de oficinas con la que se presiona— para obtener recursos, presuntamente en beneficio de sus representados; un porcentaje importante acaba en las manos de los dirigentes.

"Ya nos arreglamos con tu superior": dicho de dirigentes y gestores de subsidios de programas gubernamentales con la que pretenden presionar, incidir o sorprender a algún funcionario para dispensar algún trámite en el cumplimiento de normativas o regulaciones.

Posdata

El libro que dejo en sus manos no abarca de manera exhaustiva los actos de corrupción ni los intentos de gatopardismo. Tan solo pretenderlo me pondría en un aprieto. Nunca podría terminarlo. Pasan los días y nuevos escándalos de corrupción aparecen. Pongo punto final al libro consciente de que nuestra corrupción no tiene visos de poner su punto final. Nuestro pasado y nuestro futuro están empedrados y cada que alguien levanta una piedra un soborno se asoma.

Bibliografía

Arellano Gault, David, *¿Podemos reducir la corrupción en México? Límites y posibilidades de los instrumentos a nuestro alcance*, CIDE, México, 2018.

Aristóteles, *Ética a Nicómaco*, Alianza Editorial, Madrid, 2001.

——————, *La Política*, Gredos, Madrid, 1988.

Barragán y Salvatierra, Carlos Ernesto, "El virreinato y el juicio de residencia a don Miguel José de Azanza", *Cultura jurídica*, no. 4, diciembre de 2010-febrero de 2011.

Betanzos Torres, Eber Omar, *Reforma en materia de combate a la corrupción*, FCE, México, 2017.

Bohórquez, Eduardo, "La lucha contra la corrupción y el Pacto por México", portal Rendición de Cuentas, 4 de marzo de 2013, http://rendiciondecuentas.org.mx/la-lucha-contra-la-corrupcion-y-el-pacto-por-mexico/.

Cárdenas Gutiérrez, Salvador, "La lucha contra la corrupción en la Nueva España según la visión de los neoestoicos", *Historia mexicana*, vol. 55, no. 3, enero–marzo de 2006.

Casar, María Amparo, y Luis Carlos Ugalde, *Dinero bajo la mesa. Financiamiento y gasto ilegal de las campañas políticas en México*, Grijalbo, México, 2018.

Caso, Antonio, *Antología filosófica*, UNAM, México, 1985.

Castillo, Heberto, "Corrupción revolucionaria institucional", *Proceso,* 30 de julio de 1977.

Constitución Política de los Estados Unidos Mexicanos.

Convención de las Naciones Unidas contra la Corrupción.

Garciadiego, Javier, "Higinio Aguilar: milicia, rebelión y corrupción como *modus operandi",* *Historia mexicana,* vol. 41, no. 3, enero-marzo de 1992.

Hellman, Joel, y Daniel Kaufmann, "La captura del Estado en las economías en transición", *Finanzas y desarrollo: publicación trimestral del Fondo Monetario Internacional y del Banco Mundial,* vol. 38, no. 3, 2001, pp. 31-35, https://www.researchgate.net/publication/242729650_La_captura_del_Estado_en_las_economias_en_transicion.

Hellmann, Olli, "The Historical Origins of Corruption in the Developing World: A Comparative Analysis of East Asia", *Crime, Law and Social Change,* vol. 68, no. 1-2, 2017, pp. 145-165.

Hindmoor, Andrew, y Brad Taylor, *Rational Choice,* Palgrave, 2ª ed., 2015.

Holmes, Leslie, *¿Qué es la corrupción?,* Grano de Sal, México, 2019.

Inegi, "Estadísticas a propósito del Día Internacional contra la Corrupción (9 de diciembre)", comunicado de prensa, 5 de diciembre de 2019.

Jensen, Michael C., y William H. Meckling, "Theory of the Firm: Managerial Behaviour, Agency Costs and Ownership Structure", *Journal of Financial Economics,* vol. 3, octubre de 1976, pp. 305-360.

Krauze, Enrique, "Breve historia de la corrupción", *Reforma,* 3 de diciembre de 1995.

————, "Breve historia de la corrupción", *Letras libres,* octubre de 2019.

Lampedusa, Giuseppe Tomasi di, *El gatopardo,* Argos Vergara, Barcelona, 1980.

Ley de Fiscalización y Rendición de Cuentas de la Federación.

Ley Federal de Transparencia y Acceso a la Información Pública.

Ley General del Sistema de Responsabilidades Administrativas.

Ley General del Sistema Nacional Anticorrupción.

Ley Orgánica del Tribunal Federal de Justicia Administrativa.

Lizárraga, Daniel, Rafael Cabrera, Irving Huerta y Sebastián Barragán, *La casa blanca de Peña Nieto. La historia que cimbró un gobierno,* Grijalbo, México, 2015.

Luna Elizarrarás, Sara Minerva, "Enriquecimiento y legitimidad presidencial: discusión sobre identidades masculinas durante la campaña moralizadora de Adolfo Ruiz Cortines", *Historia mexicana,* vol. 63, no. 3, enero-marzo de 2014, pp. 1377-1420.

Martínez, José Luis, *Hernán Cortés,* FCE, México, 1997.

Moene, Kalle, y Tina Søreide, "Good Governance Facades", en Susan Rose-Ackerman y Paul Lagunes (eds.), *Greed, Corruption, and the Modern State: Essays in Political Economy,* Edward Elgar Publishing, Chenltenham, RU-Northampton, Mass., 2015.

Morris, S. D., y J. L. Klesner, "Corruption and Trust: Theoretical Considerations and Evidence from Mexico", *Comparative Political Studies,* vol. 43, no. 10, 2010, pp. 1258-1285, https://doi. org/10.1177/0010414010369072.

Nye Jr., Joseph Samuel, "Corruption and Political Development: A Cost-Benefit Analysis", *American Political Science Review,* vol. 61, no. 2, 1967, pp. 417-427, doi:10.2307/1953254.

OCDE, *Recommendation of the Council on Public Procurement,* https:// www.oecd.org/gov/ethics/OECD-Recommendation-on-Public-Procurement.pdf.

Paz, Octavio, *El laberinto de la soledad,* en *Obras completas V. El peregrino en su patria. Historia y política de México,* FCE, México, 2014.

———, *El ogro filantrópico,* en *Obras completas V. El peregrino en su patria. Historia y política de México,* FCE, México, 2014.

Pietschmann, Horst, *Acomodos políticos, mentalidades y vías de cambio: México en el marco de la monarquía hispana,* José Enrique Covarrubias y Josefina Zoraida Vázquez Vázquez (comps.), El Colegio de México, México, 2016.

―――. "Burocracia y corrupción en la Hispanoamérica colonial: una aproximación tentativa", *Nova Americana,* vol. 5, Turín, 1982.

―――, "Corrupción en las Indias españolas: Revisión de un debate en la historiografía sobre Hispanoamérica colonial", en Manuel González Jiménez, Horst Pietschmann, Francisco Comín y Joseph Pérez (coords.), *Instituciones y corrupción en la historia,* Universidad de Valladolid, Valladolid, 1998, pp. 31-52.

―――, "Un epílogo: 'corrupción' en el virreinato novohispano", en Christoph Rosenmüller y Ruderer (eds.), *"Dádivas, dones y dineros": Aportes a una nueva historia de la corrupción en América Latina desde el Imperio español a la modernidad,* Iberoamericana-Vervuert, Madrid-Frankfurt am Main, 2016.

Plan Nacional de Desarrollo 2019-2024, https://www.dof.gob.mx/nota_detalle.php?codigo=5565599&fecha=12/07/2019.

Presidencia de la República, "Anuncia el presidente Enrique Peña Nieto un conjunto de acciones ejecutivas para prevenir la corrupción y los conflictos de interés", comunicado de prensa, 2 de febrero de 2015.

Reyes, Alfonso, *Visión de Anáhuac,* FCE, México, 2007.

Ríos, Viridiana, y Max Kaiser, "Mexico's Anti-Corruption Spring", en Viridiana Ríos y Duncan Wood, *The Missing Reform: Strengthening the Rule of Law in Mexico,* Wilson Center, Washington, D. C., 2018.

Ritner, Scott, "The Concept of Corruption in Machiavelli's Political Thought", 13 de abril de 2011, SSRN, https://ssrn.com/abstract=1808959.

Roldán, Nayeli, Miriam Castillo y Manuel Ureste, *La estafa maestra. Graduados en desaparecer el dinero público,* Planeta, México, 2018.

Rose-Ackerman, Susan, y B. Palifka, "Domestic Conditions for Reform", en *Corruption and Government: Causes, Consequences, and Reform*, Cambridge University Press, Cambridge, 2016.

Rosenmüller, Christoph, *Patrons, Partisans, and Palace Intrigues. The Court Society of the Colonial Mexico 1702-1710*, University of Calgary Press, Calgary, 2008.

Torres Medina, Javier, "Corrupción, finanzas públicas y tráfico de influencias con Santa Anna", *Relatos e historias de México*, no. 108, https://relatosehistorias.mx/numero-vigente/corrupcion-finanzas-publicas-y-trafico-de-influencias-con-santa-anna.

Transparencia Mexicana, "Ni prevención eficaz, ni justicia efectiva en las acciones anticorrupción de México: Transparencia Mexicana", comunicado de prensa, 28 de enero de 2019, https://www.tm.org.mx/ipc2018/.

Transparency International, *Guía de lenguaje claro sobre lucha contra la corrupción*, Berlín, 2009, https://transparencia.org.es/wp-content/uploads/2014/10/Gu%C3%ADa-de-lenguaje-claro-sobre-lucha-contra-la-corrupci%C3%B3n.pdf.

———, "People and Corruption: Citizens' Voices from around the World", introducción, *Global Corruption Barometer 2017*.

Vasconcelos, José, *La raza cósmica*, Biblioteca Virtual Universal, 2003, https://somacles.files.wordpress.com/2018/06/josecc81-vasconcelos_la-raza-cocc81smica.pdf.

Vázquez, Josefina Zoraida, "The Mexican Declaration of Independence", *The Journal of American History*, vol. 85, no. 4, 1999, pp. 1362-1369, doi:10.2307/2568258.

Notas

1. DE LA COLONIA AL SIGLO XX

[1] Octavio Paz, *El laberinto de la soledad,* en *Obras completas V. El peregrino en su patria. Historia y política de México,* FCE, México, 2014.

[2] Alfonso Reyes, *Visión de Anáhuac,* FCE, México, 2007.

[3] Antonio Caso, *Antología filosófica,* UNAM, México, 1985.

[4] José Vasconcelos, *La raza cósmica,* Biblioteca Virtual Universal, 2003.

[5] Como aclara el propio Paz líneas arriba: "no pobreza del país sino del poder político".

[6] Octavio Paz, *El ogro filantrópico,* en *Obras completas V. El peregrino en su patria. Historia y política de México,* FCE, México, 2014, pp. 318-319.

[7] Enrique Krauze, "Breve historia de la corrupción", *Letras Libres,* octubre de 2019.

[8] Enrique Krauze, "Breve historia de la corrupción", *Reforma,* 3 de diciembre de 1995.

[9] Horst Pietschmann, "Burocracia y corrupción en la Hispanoamérica colonial: una aproximación tentativa", en José Enrique Covarrubias y Josefina Zoraida Vázquez Vázquez (comps.), *Acomodos políticos, mentalidades y vías de cambio: México en el mar-*

co de la monarquía hispana, El Colegio de México, México, 2016, p. 12.

[10] *Horst Pietschmann: Acomodos políticos, mentalidades y vías de cambio: México en el marco de la monarquía hispana,* José Enrique Covarrubias y Josefina Zoraida Vázquez Vázquez (comps.), El Colegio de México, México, 2016, p. 211.

[11] Pietschmann, Horst, "Un epílogo: 'corrupción' en el virreinato novohispano", en Christoph Rosenmüller y Stephan Ruderer (eds.), *"Dádivas, dones y dineros": Aportes a una nueva historia de la corrupción en América Latina desde el imperio español a la modernidad,* Iberoamericana-Vervuert, Madrid-Frankfurt am Main, 2016, p. 120.

[12] *Ibid.,* pp. 120-121.

[13] Christoph Rosenmüller, *Patrons, Partisans, and Palace Intrigues. The Court Society of the Colonial Mexico 1702-1710,* University of Calgary Press, Calgary, 2008, p. 29.

[14] Pietschmann, *Acomodos políticos...,* p. 213.

[15] *Ibid.,* p. 145.

[16] *Idem.*

[17] Rosenmüller, *op. cit.,* p. 30.

[18] *Idem.*

[19] Pietschmann, *Acomodos políticos...,* p. 216.

[20] Rosenmüller, *op. cit.,* p. 30.

[21] Pietschmann, *Acomodos políticos...,* p. 215-216.

[22] Olli Hellmann, "The Historical Origins of Corruption in the Developing World: A Comparative Analysis of East Asia", *Crime, Law and Social Change,* vol. 68, no. 1-2, 2017, p. 145.

[23] Salvador Cárdenas Gutiérrez, "La lucha contra la corrupción en la Nueva España según la visión de los neoestoicos", *Historia mexicana,* vol. 55, no. 3, enero-marzo de 2006, p. 721.

[24] *Ibid.,* p 720.

[25] Horst Pietschmann, "Corrupción en las Indias españolas: Revisión de un debate en la historiografía sobre Hispanoamérica colonial", en Manuel González Jiménez, Horst Pietschmann, Francisco Comín y Joseph Pérez (coords.), *Instituciones y corrupción en la historia,* Universidad de Valladolid, Valladolid, 1998, p. 42.

[26] Cárdenas Gutiérrez, *op. cit.*, p. 721.

[27] Pietschmann, "Corrupción…", p. 43.

[28] José Luis Martínez, *Hernán Cortés,* FCE, México, 1997.

[29] *Ibid.*, pp. 463-464.

[30] Hugh Thomas, "El juicio de residencia de Hernán Cortés", conferencia impartida en Casa de las Américas, https://www.youtube.com/watch?v=sj1nfti1DSA.

[31] Carlos Ernesto Barragán y Salvatierra, "El virreinato y el juicio de residencia a don Miguel José de Azanza", *Cultura jurídica,* no. 4, diciembre de 2010-febrero de 2011, p. 155.

[32] Thomas, *op. cit.*

[33] *Idem.*

[34] Pietschmann, *Acomodos políticos…*, pp. 245-274.

[35] Rosenmüller, *op. cit.*, p. 65.

[36] *Idem.*

[37] Josefina Zoraida Vázquez, "The Mexican Declaration of Independence", *The Journal of American History,* vol. 85, no. 4, 1999, pp. 1362-1369.

[38] *Ibid.*, pp. 1365-1366.

[39] Krauze, *op. cit.*, *Reforma,* 3 de diciembre de 1995.

[40] Will Fowler, *Santa Anna of Mexico,* University of Nebraska Press, Lincoln, 2009.

[41] *Ibid.*, p. 236.

[42] *Ibid.*, p. 362.

[43] Javier Torres Medina, "Corrupción, finanzas públicas y tráfico de influencias con Santa Anna", *Relatos e historias de México,*

vol. 108, https://relatosehistorias.mx/numero-vigente/corrupcion-finanzas-publicas-y-trafico-de-influencias-con-santa-anna.

[44] *Idem.*

[45] Javier Garciadiego, "Higinio Aguilar: milicia, rebelión y corrupción como *modus operandi*", *Historia mexicana,* vol. 41, no. 3, enero-marzo de 1992, p. 443.

[46] Sara Minerva Luna Elizarrarás, "Enriquecimiento y legitimidad presidencial: discusión sobre identidades masculinas durante la campaña moralizadora de Adolfo Ruiz Cortines", *Historia mexicana,* vol. 63, no. 3, enero-marzo 2014, p. 1378.

[47] *Ibid.*, p. 1382.

[48] Heberto Castillo, "Corrupción revolucionaria institucional", *Proceso,* 30 de julio de 1977, https://www.proceso.com.mx/4734/corrupcion-revolucionaria-institucional.

2. ENTENDER LA CORRUPCIÓN MODERNA: CONCEPTOS Y DERIVACIONES

[1] Convención de las Naciones Unidas contra la Corrupción (UNCAC), prefacio, III.

[2] Leslie Holmes, *¿Qué es la corrupción?,* Grano de Sal, México, 2019, p. 19.

[3] Aristóteles, *Ética a Nicómaco,* Alianza Editorial, Madrid, 2001, p. 280.

[4] Aristóteles, *Política,* Gredos, Madrid, 1988, p. 57.

[5] *Idem.*

[6] Scott Ritner, "The Concept of Corruption in Machiavelli's Political Thought", 2011, SSRN, https://ssrn.com/abstract=1808959.

[7] *Ibid.*, p. 1.

[8] *Ibid.*, p. 2.

[9] *Ibid.*, p. 3.

[10] *Idem.*

[11] Holmes, *op. cit.,* p. 20.

[12] *Ibid.,* p. 21.

[13] Joseph Samuel Nye Jr., "Corruption and Political Development: A Cost-Benefit Analysis", *The American Political Science Review,* 61(2), 1967, p. 419.

[14] Susan Rose-Ackerman y B. Palifka, "Domestic Conditions for Reform", en *Corruption and Government: Causes, Consequences, and Reform,* Cambridge University Press, Cambridge, 2016.

[15] Michael C. Jensen y William H. Meckling, "Theory of the Firm: Managerial Behaviour, Agency Costs and Ownership Structure", *Journal of Financial Economics,* vol. 3, octubre de 1976, p. 7.

[16] Andrew Hindmoor y Brad Taylor, *Rational Choice,* 2ª ed., Palgrave, Nueva York, 2015, p. 179.

[17] *Idem.*

[18] *Idem.*

[19] Renta económica vinculada a la corrupción se describe de la siguiente manera: la diferencia entre la renta que un servidor público obtiene de una actividad corrupta y la renta que obtendría si no ostentara ese cargo y posición, monopolizando las decisiones o procesos que requiere una tercera persona interesada.

[20] Inegi, "Estadísticas a propósito del Día Internacional contra la Corrupción (9 de diciembre)", comunicado de prensa, 5 de diciembre de 2019.

[21] *Reforma,* "Perciben en un año mayor corrupción", artículo con base en la encuesta *Reforma*-MCCI, 12 de marzo de 2020.

[22] World Justice Project (WJP), *Rule of Law Index 2021,* p. 23.

[23] *Ibid.,* p. 25.

[24] *Ibid.,* p. 27.

[25] Véase el sitio de Transparency International en internet: www. transparency.org/what-is-corruption#define.

[26] Joel Hellman y Daniel Kaufmann, "La captura del Estado en las economías en transición", *Finanzas y desarrollo: publicación trimes-*

tral del Fondo Monetario Internacional y del Banco Mundial, vol. 38, no. 3, 2001, pp. 31-35.

27 Tomado del art. 15 de la UNCAC.

28 Transparency International, *Guía de lenguaje claro sobre lucha contra la corrupción*, 2009.

29 Transparency International, "Citizen's Views and Experiences of Corruption", introducción, *Global Corruption Barometer 2019*.

30 World Justice Project (WJP), *Rule of Law Index 2021*, p. 9.

3. PRIMER ACTO: 2000-2018

1 Véase "Estadísticas a propósito del Día Internacional contra la Corrupción (9 de diciembre)", comunicado de prensa del Inegi, 5 de diciembre de 2019.

2 Kalle Moene y Tina Søreide, "Good Governance Facades", en Susan Rose-Ackerman y Paul Lagunes (eds.), *Greed, Corruption, and the Modern State: Essays in Political Economy*, Edward Elgar Publishing, Chenltenham, RU-Northampton, Mass., 2015, pp. 46-60.

3 Acerca de la ASF: https://www.asf.gob.mx/Section/45_Acerca_de_la_ASF.

4 http://fox.presidencia.gob.mx/cambio/transparencia/?contenido=19482& pagina=1.

5 María Amparo Casar y Luis Carlos Ugalde, *Dinero bajo la mesa. Financiamiento y gasto ilegal de las campañas políticas en México*, Grijalbo, México, 2018, p. 119.

6 *Ibid.*, p. 118.

7 *Ibid.*, pp. 13-14.

8 Para datos y detalles de algunos casos particulares de corrupción, véase el libro de Carolina Rocha Menocal y Miguel Pulido Jiménez, *Qué tanto es tantito. Atlas de la corrupción en México 2000-2018*, Grijalbo, México, 2019.

[9] Zorayda Gallegos, "El exgobernador mexicano Javier Duarte es condenado a nueve años de prisión tras declararse culpable", *El País*, 27 de septiembre de 2018, https://elpais.com/internacional/2018/09/27/mexico/1537999590_041505.html.

[10] Para el detalle de la investigación véase Daniel Lizárraga, Rafael Cabrera, Irving Huerta y Sebastián Barragán, *La casa blanca de Peña Nieto. La historia que cimbró un gobierno*, Grijalbo, México, 2015, pp. 219.

[11] Moene Kalle & Tina Søreide, *op. cit.*, p. 46.

[12] Véase el comunicado de prensa de la Presidencia de la República, "Anuncia el presidente Enrique Peña Nieto un conjunto de acciones ejecutivas para prevenir la corrupción y los conflictos de interés", 2 de febrero de 2015, https://www.gob.mx/epn/prensa/anuncia-el-presidente-enrique-pena-nieto-un-conjunto-de-acciones- ejecutivas-para-prevenir-la-corrupcion-y-los-conflictos-de-interes?idiom=es.

[13] *Idem.*

4. INTERMEDIO

EL SISTEMA NACIONAL ANTICORRUPCIÓN:

UNA HISTORIA FALLIDA

[1] Eber Omar Betanzos Torres, *Reforma en materia de combate a la corrupción*, FCE, México, 2017, p. 60.

[2] David Arellano Gault, *¿Podemos reducir la corrupción en México? Límites y posibilidades de los instrumentos a nuestro alcance*, CIDE, México, 2018, p. 16.

[3] Moene y Søreide, *op. cit.*, p. 46.

[4] Eduardo Bohórquez, "La lucha contra la corrupción y el Pacto por México", portal Rendición de Cuentas, 4 de marzo de 2013, http://rendiciondecuentas.org.mx/la-lucha-contra-la-corrupcion-y-el-pacto-por-mexico/.

5 Viridiana Ríos y Max Kaiser, "Mexico's Anti-Corruption Spring", en Viridiana Ríos y Duncan Wood, *The Missing Reform: Strengthening the Rule of Law in Mexico*, Wilson Center, Washington, D. C., 2018, p. 31.

6 *Idem.*

7 *Idem.*

8 *Ibid.*, pp. 33-35.

9 Arellano Gault, *op. cit.*, p. 17.

10 *Ibid.*, p. 16.

11 Constitución Política de los Estados Unidos Mexicanos, art. 73, fr. XXIX-H.

12 Juicio de amparo, fracción 7.

13 Sentencia, p. 111.

14 Leticia Robles de la Rosa, "Frenan a magistrados contra la corrupción", *Excélsior,* 8 de abril de 2019, https://www.excelsior.com.mx/nacional/frenan-a-magistrados-contra-la-corrupcion/1306391.

15 Sentencia, p. 111.

16 Ley Orgánica del Tribunal Federal de Justicia Administrativa, art. 13.

17 *Ibid.*, art. 14.

18 Oficio por el que se somete a ratificación la designación de magistrados de la Tercera Sección de la Sala Superior del Tribunal Federal de Justicia Administrativa, 25 de noviembre de 2019.

19 Betanzos Torres, *op. cit.*, p. 36.

20 Ley General del Sistema Nacional Anticorrupción, art. 49.

21 Robles de la Rosa, *op. cit.*

22 Acta de la segunda sesión ordinaria del Comité Coordinador del Sistema Nacional Anticorrupción, 17 de abril de 2018.

23 Véase el acta de instalación del Comité Coordinador del Sistema Nacional Anticorrupción, 4 de abril de 2017.

[24] Véase el exhorto del CPC sobre el caso Odebrecht, 15 de diciembre de 2017.

[25] Véase el informe del exhorto formulado por el Comité Coordinador del Sistema Nacional Anticorrupción a la Procuraduría General de la República relacionado con el caso Odebrecht, en el acta de la segunda sesión ordinaria de 2018 del Comité Coordinador del Sistema Nacional Anticorrupción, 17 de abril de 2018.

[26] *Idem.*

[27] Arturo Daen, "PGR debe dar la lista de personas que han sido investigadas por el caso Odebrecht: Inai", *Animal Político*, 12 de diciembre de 2018, https://www.animalpolitico.com/2018/12/pgr-nombres-investigadas-odebrecht/.

[28] Ley Federal de Transparencia y Acceso a la Información Pública, art. 112.

5. SEGUNDO ACTO: LA "CUARTA TRANSFORMACIÓN" DE LA VIDA PÚBLICA DEL PAÍS. EL GOBIERNO DE ANDRÉS MANUEL LÓPEZ OBRADOR

[1] Nayeli Roldán, Miriam Castillo y Manuel Ureste, *La estafa maestra. Graduados en desaparecer el dinero público,* Planeta, México, 2018.

[2] Nayeli Roldán, Miriam Castillo y Manuel Ureste, "El gobierno contrata empresas fantasma y desvía más de 3.4 mil millones de pesos", Mexicanos Contra la Corrupción y la Impunidad, https://contralacorrupcion.mx/web/estafamaestra/estafa-maestra-gobierno-contrata-empresas-fantasma.html.

[3] Roldán, Castillo y Ureste, *La estafa maestra…*

[4] Primera plana de *Crónica,* 30 de octubre de 2019.

[5] https://www.jornada.com.mx/ultimas/politica/2019/10/10/estrategia-contra-corrupcion-no-es-efectiva-dice-investigadora-1632.html.

[6] Bo Rothstein y Dietlind Stolle, "The State and Social Capital: An Institutional Theory of Generalized Trust", *Comparative Politics*, vol. 40, no. 4, 2008, pp. 441-459.

[7] Véase la introducción del artículo de S. D. Morris y J. L. Klesner, "Corruption and Trust: Theoretical Considerations and Evidence from Mexico", *Comparative Political Studies,* vol. 43, no. 10, 2010, pp. 1258-1285, https://doi.org/10.1177/0010414010369072.

[8] Betanzos Torres, *op. cit.*, p. 15.

[9] Conferencia de prensa del 4 de abril de 2019.

[10] PND 2019-2024, p. 74.

[11] Plan Nacional de Desarrollo 2019-2024. https://www.dof.gob.mx/nota_detalle.php?codigo=5565599&fecha=12/07/2019.

[12] "Función Pública presenta programa inédito para la protección de alertadores de la corrupción en México", https://www.gob.mx/sfp/articulos/funcion-publica-presenta-programa-inedito-para-la-proteccion-de-alertadores-de-la-corrupcion-en-mexico-210534, y Acuerdo por el que se emite el Protocolo de Protección para Personas Alertadoras de la Corrupción, https://www.dof.gob.mx/nota_detalle.php?codigo=5565599&fecha=12/07/2019.

[13] European Commission, Public Procurement, https://ec.europa.eu/growth/single-market/public-procurement_en.

[14] OCDE, Recommendation of the Council on Public Procurement, p. 6, https://www.oecd.org/gov/ethics/OECD-Recommendation-on-Public-Procurement.pdf.

[15] OCDE-Banco Interamericano de Desarrollo (BID), "Panorama de las administraciones públicas, América Latina y el Caribe 2017", https://www.oecd.org/gov/alc-mexico.pdf.

[16] "Compras y contrataciones en la nueva administración", portal Mexicanos Contra la Corrupción y la Impunidad, 28 de marzo de 2019, https://contralacorrupcion.mx/compras-contrataciones.

[17] "43% de las compras públicas fueron por adjudicación directa en 2020", portal Mexicanos Contra la Corrupción y la Impunidad, https://imco.org.mx/43-de-las-compras-publicas-fueron-por-adjudicacion-directa-en-2020/.

[18] OCDE, Recommendation…, p. 8.

[19] Fases en que la corrupción se manifiesta en las compras gubernamentales.

[20] Presidencia de la República, Primer Informe de Gobierno 2018-2019, p. 13.

[21] "Compra consolidada de medicamentos y material de curación 2020", https://compranetinfo.hacienda.gob.mx/descargas/consolidadas/20191016_CC_Medicamentos_y_materiales_curacion_2020.pdf.

[22] Valeria Durán y Laura Sánchez, "El emporio farmacéutico a la sombra del súper delegado Lomelí", portal Mexicanos Contra la Corrupción y la Impunidad, 20 de mayo de 2019, https://contralacorrupcion.mx/emporio-farmaceutico/index.html.

[23] Arelí Quintero, "Bartlett bienes raíces", portal Carlos Loret de Mola, 28 de agosto de 2019, https://www.carlosloret.com/2019/08/bartlett-bienes-raices/.

[24] Carlos Loret de Mola, "Bartlett, primero 23 casas, ahora 12 empresas", portal Carlos Loret de Mola, 24 de septiembre de 2019, https://www.carlosloret.com/?s=bartlett.

[25] Véanse el acta de la cuarta sesión ordinaria del Comité Coordinador del Sistema Nacional Anticorrupción (5 de noviembre de 2019) y el proyecto de acta de la tercera sesión extraordinaria del Comité Coordinador del Sistema Nacional Anticorrupción (11 de diciembre de 2019).

[26] "Revisaremos y contrastaremos declaraciones patrimoniales de Bartlett, promete Fiscalía anticorrupción", *Aristegui Noticias*, 11 de septiembre de 2019, https://aristeguinoticias.com/1109/

mexico/es-necesaria-una-vision-integral-del-combate-a-la-co-
rrupcion-titular-de-la-fiscalia-especializada/.

[27] Posicionamiento del Comité de Participación Ciudadana del Sistema Nacional Anticorrupción frente al informe técnico de la Secretaría de la Función Pública, respecto de la investigación iniciada sobre el director general de la Comisión Federal de Electricidad, 23 de diciembre de 2019.

[28] *Idem.*

[29] Durán y Sánchez, *op. cit.*

[30] Este término, acuñado inicialmente por el izquierdista Cuauhtémoc Cárdenas durante una de sus campañas presidenciales, cobró nueva vida en las conferencias "mañaneras" del presidente.

CONCLUSIÓN

[1] Holmes, *op. cit.*, pp. 41-63.

[2] *Ibid.*, p. 48.

[3] *Ibid.*, p. 51.

Gatopardismo mexicano de Juan Antonio Cepeda
se terminó de imprimir en marzo de 2022
en los talleres de
Litográfica Ingramex, S.A. de C.V.
Centeno 162-1, Col. Granjas Esmeralda, C.P. 09810
Ciudad de México.